STARC FIGHTERS

최승태 저

Part 2

장발의 수상한 남자

—

　다음날 학교 방과 후 어느 카페, 어제 일로 인해 난 이도재 씨로부터 이곳으로 오라는 연락을 받았다. 난 계속해서 끈질기게 이도재 씨에게 그 중요한 일에 대한 걸 알려 달라고 했다. 이도재 씨는 나의 부탁에 점점 질리기 시작하였다.

　"이도재 씨, 부탁할게요. 제게도 알려 주세요. 얼마나 궁금했으면 목소리를 변조하면서까지 장난전화를 했겠습니까."
　"그래그래, 이렇게까지 나오니 어쩔 수 없지."

　그는 카페라테 한 잔을 마시면서 숨을 고른 뒤, 내게 자세하게 얘기해 주기 시작했다.

　"사실상 내가 E-Sports에 관계되어 있는 사람이다 보니, E-Sports에 관한 일들 중 그것이 내 일자리에 치명적인 영향을 끼친다면, 난 당연히 그것을 해결하려 들겠지. 이것을 염두에 두고 들어 줬으면 좋겠군."

　E-Sports와 원석이 형이 뭔가 연관이 있는 건가, 하는 생각에 나는 고개만 끄덕인 채 그대로 이도재 씨가 하는 말을 들었다.

　"최승태, 너 게임 방송에서 하는 스타 리그 같은 거 한 번이라도 본 적 있지?"
　"네, 최근에 한 스타 리그 결승전은 봤습니다."
　"그럼 잘 알겠네. 현재 스타 리그에서 가장 높은 자리를 지키고 있는 사람은 이승재다. 현재 가장 좋은 성적을 내고 있는 프로토스 유저이지. 예전에 아마추어였던 그 녀석을 내가 프로게이머로 추천했던 적이 있다. 내가 사실 사람 보는 눈은 있거든. 이런 인연 덕분에 지금은 그 녀석과 친한 편이지. 그런데 이제 프로토스도 여기까지인 것 같다는 안 좋은 느낌이 났다. 왜냐하면, 이승재는 이제 올겨울에 군대에 가거든. 이승재가 만약 프로게이머를 은퇴한다면 현재 프로토스를 하는 프로게이머 중 좋은 성적을 낼 만한 사람들은 거의 없다. 지금 이승재를 제외하면 스타 리그에 진출한 사람들은 다 저그나 테란이야. 최악의 경우 스타 리그에선 저테전, 저저전, 테테전만 볼 수 있게 되고, 결국엔 많은 E-Sports 팬이 프로토스가 없는 스타 리그를 보면서 점점 싫증을 느끼겠지. E-Sports를 지켜보는 팬이 줄어든다면 E-Sports의 발전은 기대하기 힘들다."

잠깐, 이 스크롤 압박하는 의견은 너무 앞선 추측 아닐까… 저그나 테란이 얼마나 강한 것인지는 모르지만, 프로토스를 하는 프로게이머들도 노는 건 아니잖아. 연습을 계속하고 있겠지.

"그런데 이도재 씨, 이승재 프로게이머가 은퇴한다 해서 프로토스가 정말로 없어진다든지 하는 그런 추측들은 너무 과장된 것 아닙니까? 저는 이해하기가 힘듭니다."

"안타깝지만 사실이야. 이승재만 단독으로 스타 리그에 진출, 나머지는 마이너 리그에서 진출할 기미도 보이지 않고 있어. 그래서 나와 이승재는 또 다른 프로토스 기대주를 찾고 있다. 그중에서도 가능성 있어 보이는 게 최원석 군, Shadow 아니겠어?"

Shadow, 원석이 형이 다른 사람들의 이목을 집중시키는 것도 그가 프로토스의 운명을 책임지고 있어서인 것일까. 프로토스가 저그나 테란보다 약한가? 하는 생각도 내 머리에 스쳐 지나갔다. 그래, 스타 리그 결승전을 처음 봤을 때 프로토스가 저그에게 엄청나게 고전했던 것도 봤다. 하지만 그렇다고 해서 프로토스에게 희망이 전혀 없는 걸까. 점점 열이 받다 보니 내 몸속에서 피가 끓어오르기 시작했다. 내 주종족인 프로토스가 이렇게 무시를 당한다니… 믿어지지가 않아.

　"이도재 씨, E-Sports와 직장인인 아저씨의 사정은 잘 알겠지만, 이런 것 때문에 굳이 원석이 형이 강제적으로 프로게이머가 되어야 하나요? 이건 심한 행동 아닌지 모르겠습니다."

　"그렇지, 최승태. 역시 넌 머리가 좋군. 그런 걸 어느 정도는 고려해서 최원석 군에게 한번 말해 볼 생각이다. 최원석 군이 거절한다면 나야 뭐 어쩔 수 없지. 하지만 되도록 최원석 군이 프로게이머가 되어 줬으면 좋겠다. 이게 내 생각이다."

　… 그래, 원석이 형도 이 말을 듣고 승낙만 한다면야 그다지 걱정은 없지만. 그저 한 회사의 사정 때문에 한 사람의 직업 선택의 자유가 없어질까 봐 어느 정도는 걱정했는데. 역시 이도재 씨는 이야기가 잘 통하는군… 난 마지막으로 이도재 씨에게 물었다.

　"몇 퍼센트 생각하세요? 원석이 형이 승낙할 확률."
　"30%다."
　"생각보다 높게 잡으셨네요?"
　"프로게이머란 직업은 굉장히 매력적이니까 말이지. 하하하."
　"저에게도 물어보세요. 몇 퍼센트인지."
　"음…? 그래. 몇 퍼센트지?"
　"0%입니다."
　"왜 그렇게 생각하지? 최원석 군에게 물어본 것도 아니면서."
　"원석이 형에게서 옛날이야기를 들은 적이 있거든요."
　"그 옛날이야기를 간단히 들려줄 수 있는가?"
　"프로게이머는 싫고, 그저 전설로 남고 싶다고 하네요. 뭐, 지금은 또 전설인 사실을 부정하는 것 같긴 한데… 실상은 전설로 남고 싶을 거예요, 지금도."

"전설에 대한 얘기는 나도 들어서 알고 있지만, 프로게이머가 되는 게 싫다는 얘기는 처음 듣는군."

"하여튼, 원석이 형도 가지가지 해요. 이랬다저랬다."

여러 가지 대화를 나눈 뒤, 나와 이도재 씨는 슬슬 카페 바깥으로 나가려 했다. 마침 카운터에서 이도재 씨가 계산하려던 참이었다.

"어라, 지갑을 숙소에 놓고 왔나 보네. 최승태, 대신 계산해 줄 수 있는가?"

자기가 만나자고 해 놓고 지갑을 안 가져오다니… 이로써 난 이도재 씨의 구두쇠적인 면모를 알 수 있었다.

"… 그냥 제가 내겠습니다. 이도재 씨, 앞으론 주의해 주세요. 이런 상황에선 아저씨가 돈을 내는 게 정석이잖아요."

"하하하하, 거 미안하게 됐군. 주의하도록 하겠다."

커피를 얼마나 마셨다고, 1만 원 가까이 지출하게 됐군. 이 돈이면 콜라와 오징어를 얼마나 사 먹을 수 있지…?

"최원석 군에게 안내해줬으면 한다. 지금 당장 그에게 가서 내가 직접 얘기해봐야겠어."

그러고는 곧바로 자신이 애용하는 스쿠터를 마련했다. 나보고 뒤에 타라는 것이다. 뭐, 여기서 원석이 형이 자주 가는 PC방까지 거리가 먼 건 아니지만 걸어가기에는 귀찮은 거리이니, 나도 크게 마다하진 않고 뒤에 탔다.

"꽉 붙잡아, 난 빠른 속도를 즐기는 편이니까."

이도재 씨가 엄청난 스피드로 도로를 주행하는 걸 느꼈을 때부터 지금 당장에라도 내리고 싶은 심정이 들었다. 코너를 돌 때마다 스쿠터가 쓰러질 것 같은 느낌이 내 심장을 철저히 압박했다. 놀이공원에서 청소년들이 롤러코스터를 타는 것 같은 기분이다. 그나마 다행인 것은 빠른 주행 덕분에 목적지인 PC방에 금방 다다른 것이다.

　"하아, 하아…."

　난 스쿠터에서 내리자마자 인도에 주저앉았다. 천천히 숨을 고르고 자리에서 일어난 나는 PC방 한군데를 가리켰다. 바로 원석이 형 일행이 있는 PC방이다. 이도재 씨는 PC방 안에 들어가기 전에 내게 당부하듯 말했다.

　"혼자서 얘기해 볼 생각이니 대화에 끼어들지는 말도록. 그에게 의사를 물어보고 결정할 테니까."
　"하아… 네."

　시간이 얼마나 됐다고 날이 저물까 말까 했다. 난 스쿠터에 몸을 기대면서 이도재 씨가 바깥으로 나올 때까지 계속 기다렸다. 그나저나, 오늘 집으로 돌아갈 때 편의점에 들러서 카레나 사서 먹어 볼까? 맨날 오징어와 콜라는 질린다. 나도 이제 카레도 약간씩 구입해서 골고루 즐겨야겠군. 이도재 씨는 엄청난 시간이 소요된 뒤에야 드디어 나왔다. 난 그에게 물었다.

　"어떻게 됐나요, 이도재 씨?"
　"음… 최원석 군에게 스스로 가서 물어보도록 해. 난 가겠다. 오늘 만나서 얘기한 건 즐거웠다. 나중에 보도록 하지."

　… 왜 저러지, 저렇게 말하니까 더 궁금하잖아!? 난 얼른 PC방 안으로 들어가서 원석이 형을 찾으려 했다. 그런데 어디에도 원석이 형이 보이지 않는 것

이었다. 다행히도 PC방 한구석에는 범진이 형과 제열이 형이 포진해 있었다. 난 가장 근처에 있었던 제열이 형에게 물어봤다. 제열이 형이 반응을 보였다.

"글쎄, 나도 잘 모르겠는데."
"최원석 말이야? 방금 화장실 들어갔다."

옆에서 내 말을 듣던 범진이 형은 자신이 목격했다는 듯 확실하게 말했다. 그럼 기다려야 하나. 그런데 내가 원석이 형을 기다리던 중, 범진이 형이 갑자기 제열이 형을 보더니 호탕하게 씨익 웃는 것이었다. 제열이 형도 왠지 기분 좋은 표정으로 웃음을 겨우 참으며 밀리를 하고 있었다. 내 얼굴이나 옷에 뭐가 묻었는지는 모르지만… 웃는 이유를 물어봐도 대답을 해 주질 않는다. 20분 경과, 걸린 시간을 보아하니 쾌변은 아닌 듯하다. 고전 끝에 원석이 형이 화장실에서 나왔다. 난 원석이 형에게 조금 전에 찾아온 뒷머리가 허리까지 내려오는 특이한 아저씨와 대화했던 걸 내게 알려 달라고 부탁했다.

"날 프로게이머로 스카우트하려 하길래 귀찮아서 그냥 너 추천했어."

—

원석이 형이 말을 계속 이어나갔다.

"최승태, 사실 난 프로게이머 같은 거 관심 별로 없거든. 너도 잘 알잖아? 그런데도 계속 부탁을 하길래 정말 귀찮아서 말이야. 굳이 내가 프로토스인 데다 초월적으로 잘한다는 것 때문에 E-Sports의 사정으로 인해 프로게이머를 해야 한다는 법은 없지 않겠어!? 그치, 그치?"

확실히 원석이 형의 말은 어느 정도 일리가 있다. 사실 다른 사람의 사정으로 인해 어떤 직업을 강요받는 것 자체가 말도 안 됐었지.

"그런데 그 이도재 아저씨가 날 꼬시는 걸 실패해서 그런지, 좀 불쌍해 보이길래 내가 아는 한에서 세 사람 정도를 추천해 줬지. 너와 강성진, 그리고 강초원. 뭐, 너에게 특별히 의사를 물어봤던 건 아니긴 하지만, 너도 어느 정도는 프로게이머에 관심 있을 것 같아서 한번 추천해 준 거야. 최근 들어 너의 실력도 부쩍 늘고 있고 말이야. 마음이 내키지 않으면 그냥 거절하면 장땡이라고 봐."

그나저나 강초원인가…. 원석이 형도 강초원만큼은 어느 정도 실력 부분에서 인정해 주고 있다. 이미 준프로게이머라서 이도재 씨 스스로도 모를 만한 사람은 아닐 거라 생각하는데…. 그래도 강초원 정도의 실력이라면야 어느 정도는 프로게이머 진출 가능성도 충분히 있겠지. 강성진도 아마추어 대회 우승 경력은 꽤 많은데, 생각해 보니 프로게이머가 되고 싶다는 말 같은 건 아직까지 들어본 적이 없었다. 다음에 한번 물어보도록 할까. 그나저나, 난 원석이 형에게 용무가 있다.

"원석이 형."
"응?"
"저한테 밀리 안 가르쳐 주신 지도 좀 됐는데, 이제 좀 알려 주세요."
"후후, 최승태. 내가 요즘 안 가르쳐 줘서 은근히 삐친 듯한 기색인데? 사실 스타크래프트 실력은 누군가가 가르쳐 주는 것만으로는 실력이 쉽게 오르지 않는 거다. 스스로 연습하는 기간도 충분히 있어야 실력이 쭉쭉 향상된다는 소리지. 최근에 너한테 밀리를 가르쳐 주지 않았던 이유는 바로 이거다."

원석이 형의 말도 안 되는 핑계에 내가 이때 수긍을 했다는 게 더 이해가 가지 않는다.

–

드디어 방학식 날이다. 난 엄청나게 가벼운 마음으로 학교에 찾아갔다. 그런데 오늘따라 같은 반 친구 녀석들의 움직임이 심상치 않다. 방학식을 마친 뒤에 단체로 PC방이나 가서 스타크래프트나 하자고 하는 것이다. 나는 두말없이 승낙했다. 난 PC방에서 녀석들에게 내 실력의 우위를 증명하려 했다. 물론 내 실력은 헌터 팀플레이에서 여지없이 증명되었다. 이미 엘리당한 친구 녀석들은 내 자리 뒤에 와서 막 구경하기 시작했다. 그걸 눈치챈 나는 갑작스럽게 손 빠르기를 늘리면서 좀 더 잘하는 척을 했다. 게임이 끝나고 친구 녀석들이 와서 여러 가지를 묻기 시작했다.

"너 언제 이런 실력을 쌓은 거야?"
"이 정도면 정환이랑 붙어도 되겠다. 내가 연락해 줄 테니까 지금 붙어 봐!"

그런데 갑자기 이야기가 이상하게 흘러가 버렸다. 나보고 김정환과 붙어 보라면서 핸드폰으로 전화를 하려고 하는 것이다. 내가 간곡하게 말렸더니 결국은 그만두긴 했지만, 녀석들은 내가 김정환과 붙어 보기를 간절히 원하는 눈치였다. 앞으로도 나와 만나기만 하면 계속 조를 것 같아서 참 귀찮게 됐다. 내가 김정환과 밀리를 해서 이기는 걸 녀석들에게 보여 준다면 김정환도 마음꽤 상할 테니까 말이다. 스타크래프트 전교 1등으로서 말이지. 친구 녀석들과 헤어지고 집으로 돌아가려고 하는데 내 앞에 박준영이 나타났다. 내가 이 PC방에서 놀고 있었던 걸 알고 있었던 건가…. 그러고 보니… 정말로 어떻게 알았지? 박준영은 내게 소식을 하나 알려 줬다.

"오늘 초원 선배가 연습생이 되었다는군요. YD팀 구단에 말입니다."

강초원이 연습생? 그렇다면 이도재 씨가 YD팀 구단 감독인가…. 그런데 정말 빠르네. 하루 만에 강초원을 연습생으로 집어넣어 버리다니. 말이 연습생이지 프로게이머가 되어도 이상하지 않을 정도의 실력을 갖춘 강초원이라면…. 금방 프로게이머가 돼서 방송에 나올 가능성이 크다. 이 소식을 들은 뒤 얼마 되지 않아 이도재 씨는 내가 자주 다니는 PC방에 스스로 찾아왔다. 물론 프로게이머에 관련된 일이었다. 내가 이 PC방에 들른다는 것을 잘 알고 있으니까… 금방 찾아왔군. 그는 강초원 뿐만 아니라 강성진까지 만나고 오는 길이라한다. 원석이 형이 이도재 씨에게 만날 순서를 정해 줬다고 하는데, 아마도 실력순인 것으로 추측된다. 하여튼 YD팀인지 뭔지에 대한 열정은 대단하다고 생각한다.

"너의 실력을 알고 싶다. 최원석 군의 제자니까 내 기대를 저버리진 않겠지만."

… 왠지 내 실력이 부풀려진 것 같은데. 나중에 이도재 씨가 내 실력을 보고 실망하는 건 아닌가 하는 생각이 조금 들긴 했지만, 그냥 그대로 PC방 자리에 앉아서 이도재 씨와 밀리를 한 판 하기로 했다. 이 와중에 범진이 형과 제열이

형이 관전하기로 했다. 드디어 게임 시작인가.

    Legios : GG
    Yukhang : GG

　가볍게 GG로 인사를 하고 게임을 진행하였다. 맵은 로스트템플, 나는 2시 프로토스고 상대방은 8시 프로토스다. 대각선 위치인 만큼 게임 시간이 길어질 것 같군. 나는 1게이트 코어 이후에 드래군을 뽑아 이도재 씨의 프로브를 잡고 로보틱스, 게이트 순서대로 올렸다. 내 정찰 프로브도 조만간 잡혔으나 나와 비슷한 빌드오더인 것을 파악했다. 나는 옵저버 테크트리보다 리버 테크트리인 서포트베이를 먼저 택했다. 리버 1기가 나왔을 때 앞마당으로 병력을 배치시키고 2시 앞마당에 넥서스를 소환시켰다. 확인하지는 못했지만 이도재 씨도 비슷하게 하지 않을까 생각된다.

　내가 2리버 타이밍에 2시 미네랄 멀티를 확보할 때, 상대방도 9시 미네랄 멀티에 넥서스를 소환…. 거의 비슷비슷하게 흘러가고 있군. 난 지금 리버 3기, 셔틀 2기가 있다. 한번 용기를 내서 공격해 볼까!? 나는 중앙 신전 북서쪽으로 병력을 옮겼다. 9시 쪽으로 가는 좁은 통로를 이용해 9시 미네랄 멀티를 습격했다.

　이도재 씨가 이 공격을 예상하였을까? 이미 감지했다는 듯 대처가 빠르다. 내 2시 본진에 이도재 씨의 속업 셔틀에 탑승한 1 리버가 드랍되어 내 프로브들을 학살 중이었고, 중앙 신전에 배치되었던 이도재 씨의 병력이 북상, 9시 미네랄 멀티에서도 캐논을 등지고 전투를 감행하였다. 나는 양쪽으로 맞서 싸우는 수밖에 없었고, 결국 2시 미네랄 멀티로 도망칠 수밖에 없었다. 2시 본진에서 활개 치던 이도재 씨의 1 리버도 셔틀에 탑승한 채 멀리 도망쳤다. 정면 싸움과 드랍 싸움에서 밀려 버렸기에 나는 어금니를 꽉 깨물었다.

이도재 씨의 병력이 줄줄이 밀려온다. 공격 목표는 2시 앞마당이었다. 2시 미네랄 멀티에는 내 병력이 주둔하고 있었기에 힘들게 싸우느니 2시 앞마당으로 공격 가는 게 아닌가 싶다. 나는 2시 앞마당으로 전 병력을 어택했으나, 이번엔 북동쪽 신전 지형이 2시 앞마당으로 가는 길목을 좁혔기에 수월하게 막아내질 못했다.

　Yukhang : GG
　Legios : GG

하아, 결국 감독이란 사람한테 패하긴 했지만, 나도 나름대로 열심히 싸운 일국이긴 한데, 어떻게 봐 주시려나…. 이도재 씨는 끝나자마자 얼른 내가 위치한 자리로 찾아왔다. 이도재 씨는 마치 원석이 형의 제자가 이 정도의 실력일 리가 없다는 듯한 눈빛으로 말했다.

"최원석 군이 왜 너를 세 번째로 추천했는지 이해가 안 가는군. 최원석 군의 제자치곤 너무 미흡하다."
"그런가요… 저도 나름대로 열심히 했는데…."
"이게 열심히 한 거라니, 오히려 더더욱 웃기는군. 최승태, 넌 탈락이다."
"합격에 큰 기대를 걸었던 것은 아니지만, 아쉽네요."

기대가 크면 실망도 큰 법, 이도재 씨는 좌절한 것이 틀림없다. 이 상황에 근처에 있던 범진이 형과 제열이 형도 쿡쿡하며 웃었다. 역시 이도재 씨는 원석이 형의 제자인 내 실력을 과대평가한 것임이 틀림없다. 아, 그러고 보니 강초원의 합격 사실은 알고 있는데, 강성진의 테스트 결과는 어떻게 됐지? 이에 이도재 씨가 술술 불었다.

"강성진도 탈락이다. 그 애는 실력에 비해 자만심이 너무 강하더군. YD팀에 그런 사람은 필요 없다."

스타크 파이터즈 · 장발의 수상한 남자

"실력이 중요하지 않다라…. 강초원은 왜 합격했는지 모르겠지만, 왠지 모르게 팀의 형편이 어떤지 짐작되는군요. 저 같으면 실력 위주의 인재를 뽑겠습니다."

"풋, 최승태. 네가 감독직을 맡게 되면 그런 말은 나오지도 않을 거다."

"그게 무슨 소리죠?"

"너의 운영 방식은 이태영 감독을 닮았어."

"이태영 감독이 누군가요?"

"음, 모르면 그걸로 됐다. 나중에 프로 리그나 참관해 보도록. 그러면 볼 수 있는 괴짜 감독이니까."

프로 리그…? 도대체 그게 뭘까. 나중에 일행들에게 물어봐야겠다.

.

전쟁의 예고

"예, 짜장면집입니다."

"짜장면 하나 하고 짬뽕 하나 주세요."

"죄송하지만 지금 문 닫을 시간인데요."

"그럼 전화를 받지 말던가, 짜증 나게."

"무, 무슨 말씀을 그렇게 심하게 하십니까!?"

"꺼져."

 … 이 한밤중에 시켜 먹으려고 하는 녀석이 잘못된 거 아닌가. 하여튼 이 불청객은 그저께부터 내 집에서 이렇게 시끄럽다. 병원에서 퇴원한 강성진 말이다. 강성진이 퇴원한 뒤 2일만 지나면 곧바로 개인전 대회 스케줄이었기에 강남으로 돌아가는 게 귀찮다고 해서 내 집에서 머물기로 했는데, 사실 이것은 원석이 형의 부탁 때문이기도 하다. 그나저나 강성진이 이렇게 폐를 끼칠 줄 알았으면 그때 완강하게 거절했어야 했는데….

 우선 트러블이 자주 일어나는 쪽은 식사 부분에서다. 내가 좋아하는 음식과 강성진이 좋아하는 음식은 많이 달랐기 때문에 충돌이 일어날 수밖에 없다. 나는 양식 위주이고 강성진은 한식 위주, 이런 것에 대해서 부모님도 약간 난처해하시는 듯했다. 현재로서는 부모님이 휴가를 떠난 지 하루가 지났고, 우린 서로 요리 실력이 없었기 때문에 부모님이 남겨둔 돈으로 자주 시켜 먹곤 했다. 인스턴트 카레나 라면 같은 것으로 때우는 수준이다.

 야밤에 밥을 먹으면 거의 살로 가겠지만 배고프면 식사는 해야 하는 법…. 난 할 수 없이 강성진을 집에 놔두고 편의점에 갔다 오기로 했다. 컵라면이나 사 올 생각이다. 신발장에서 운동화를 신고 곧장 바깥으로 나왔는데, 여름이긴 하지만 밤이라 그런지 바람이 꽤 시원하다는 것을 느꼈다. 컴퓨터 모니터만 바라보면서 게임 분석이나 하다가 이렇게 나오니까 참 기분 좋군.

"……."

내가 컵라면을 사서 집으로 돌아왔을 때 강성진은 내 컴퓨터에 있던 강초원과 자신이 대결한 리플레이를 보는 중이었다. 당시 이 게임은 워낙 고도의 심리전이 곁들여있었고, 초중반부에 끝났었기 때문에 그런지 Fastest 속도로 천천히 보고 있었다. 내가 강성진 곁에 가서 말했다.

"이거, 네가 길드 홈페이지에 올린 리플레이를 미리 받았던 거야. 역시 강초원이 잘하긴 잘하더라."
"칫, 앞으로 내 허락 없이 내 리플레이 받지 마라."
"…… 이제는 리플레이도 허락 맡고 받아야 되냐."
"딴소리하지 말고!"
"그, 그래. 알, 알았어."

리플레이가 시간이 다 되어 끝났을 때, 확실히 Zera의 점수보다는 Darkness의 점수가 더 높게 기록되어 나왔다. 이 게임, 완전히 지배당했었지… 강초원에게 말이다. 강성진이 하이템플러 컨트롤을 어느 정도 한다고 해도 상대방의 셔틀 컨트롤이 우수하면 불리해진다는 것을 확실히 증명했던 게임이었다.

단독으로 유일하게 합격한 사람은 강초원이었다. 이도재 씨의 말로는, 강초원은 확실히 프로토스로서의 가능성이 있었다고 한다. 강성진은 테스트에 불합격했다는 소식을 들은 이후부터 예전에는 볼 수 없었던 엄청난 연습을 거듭해 왔다.

"컵라면, 뜨거운 물 부어서 1층 거실에다 놔."

"아, 그래."

명령조라 거절하고 싶었지만, 이상한 분위기에 이끌려 어쩔 수 없이 행동에 옮겼다. 지금까지의 강성진은 뭔가 자신의 실력이 우월하다는 생각에 자만감으로 가득했으나, 요즘에는 그런 게 별로 없어졌다. 강초원의 강함이 자신에게는 엄청난 자극제가 된 모양이다. 우린 1층 거실로 내려와서 소파에 앉은 채로 탁자에 컵라면을 두었다. 말할 타이밍을 놓치기 전에 한 번 물어보도록 할까.

"강성진, 너 병원에 입원하게 된 원인… 혹시 강초원 때문이야?"

"……."

"역시 그렇구나. 너의 실력에 대한 자부심을 깡그리 부순 것이 바로 강초원, 그렇지?"

"강초원은 언젠가 내가 쳐부숴 주겠어."

"… 하지만 강초원은 확실히 너보다 위야. 자신 있어?"

"물론이야. 지금 당장 붙더라도 이길 자신 있어."

도대체 이 강한 정신력은 어디서 나오는 건지 모르겠다. 하여튼 이러한 정신력이 현재의 강성진을 만들어 주고 있는 것만은 틀림없다. 나도 이런 강성진을 본받을 필요가 있을 것 같다. 우리는 컵라면에 김치를 함께 섭취하고는 256강, 128강 대회 리플레이를 좀 더 보다가 잠자리에 들었다. 내가 소파 아래, 강성진은 소파 위에 누운 채 못다 한 말을 했다.

"강성진."

"응?"

"내가 대타로 이긴 거에 대해선 고맙단 말은 해야지?"

"… 네가 이긴 게 아니라며? 상대가 Teze라고 하던데. 그 녀석 준프로라며?"

"뭐, 그래도 이긴 건 이긴 거잖아?"

"닥쳐. 그냥 잠이나 자."

"… 못 말리는 녀석."

–

"어라, 꽤 일찍 왔군요."

다음날 이른 아침, 64강과 32강을 치르는 대회 날짜이기 때문에 강성진과 같이 강남에서 지하철을 타고 오는 (이미 탈락한) 병관이 형을 마중하러 역 앞에 도착했는데, 마침 타이밍 맞게 병관이 형이 일찍 도착해서 하는 소리였다.

"하하핫, 여유 있게 도착해서 형들 경기하는 거 보려고. 그나저나 성진아, 넌 이제 괜찮아?"

"찜찜하긴 하지만, 꽤 나아졌어요."

"그나저나, YD팀 테스트에서 떨어진 건 소식을 통해 들었는데, 이런 거 가지고 기운 약해지지는 않았으면 좋겠다. 알았지!?"

"네, 고마워요. 병관이 형."

"뉴페이스, 너도 성진이 잘 챙겨 줘라. 알았지!?"

뉴페이스, 뉴페이스…. 언제부턴가 병관이 형에겐 이런 호칭이 붙어 버렸다. 좋아해야 하는 건지 싫어해야 하는 건지…. 원석이 형과 범진이 형, 제열이 형은 원래 대회 장소와 집의 거리가 가까운 편이라 우리보단 먼저 와 있었다. 우리는 대진표가 걸려 있는 장소에서 서로 만날 수 있었다. 그리고 보니 결과도 떴구나. 역시 Zequ는 64강까지 진출했군. Soen, Maron, Shadow라는 아이디도 나란히 쓰여 있었다.

'이제 알아볼 때가 됐군.'

대회 인원은 64명… 아니, 정확하게 말하자면 초중등부와 고등부로 나뉜 64

강이기 때문에 128명이다. 하지만 대회장은 서로 나뉘어 있기 때문에, 우리 일행을 제외하면 61명으로 줄어든 고등부 대회장 안에서 Zequ를 찾는 건 식은 죽 먹기라고 본다. 왜 원석이 형과 대면하는 걸 꺼리는지 알고 싶은걸… 의문에 싸인 사람이다 보니 더욱 그렇고.

  "원석이 형은 안 궁금해요?"

  난 원석이 형을 거의 강제로 끌고 갔다. 이윽고 고등부 대회장 내부에 진입…. 이곳에서는 대회에서 아직 탈락하지 않은 고등학생들이 단체로 서서 대기 중이었다. 원석이 형은 내가 시킨 대로 주변을 두리번거리며 조금이라도 아는 얼굴이 있는지 살펴보았다. 왜 이렇게 하느냐 하면, 원석이 형의 주변 인물들에게 찾아갈 정도의 정보력을 가질 만한 사람은 원석이 형과 안면이 있을 가능성이 존재하지 않을까 싶어서다.

  "아무래도 없어 보이는데 말이야…. 흠…."
  "정말인가요?"
  "그래, 정말이야. 이제 돌아가도 되지?"
  "혹시 자기 사진 같은 거 홈페이지에 올리고 그러나요?"
  "인터넷 같은 데에 내 사진 올리면 검색어 순위에 뜨고 그러기 때문에 피곤해져서 안 돼."

  말도 안 돼…. 안면은 있는데 서로 아는 사이는 아니라니. Zequ는 정말로 원석이 형과는 친분 관계 같은 건 없는 사이인가. 원석이 형이 돌아간 뒤, 대회장 카운터에 들러 인원 체크 현황에 대해 알려 달라고 부탁하니 손쉽게 현황에 대해 알 수 있었다. 64명 모두가 체크되어 있으니… 적어도 이 61명 중에 Zequ가 있는 게 확실한데. 내가 지금까지 생각해 왔던 게 거의 빗나가기 시작했다.

  "아, 박준영!"

내가 카운터에서 발버둥 치던 그때, 박준영이 마침 대회장 안으로 들어오고 있었다. 난 마침 잘됐다 싶었다. 박준영도 호의적인 반응을 보였다.

"오오, 승태 선배 아닙니까. 반갑습니다."
"준영아, 혹시 이런 걸 부탁할 수 있을까?"
"음? 무엇인지 말씀만 해 주십쇼. 무엇이든 해결해 드립니다."

내가 해결사 박준영에게 사정을 말했더니 그는 정말로 이 사건의 진실을 풀어헤쳤다. 박준영이 모든 정보를 내게 주고는 얘기했다.

"이 정도면 충분하십니까, 승태 선배?"
"무, 물론이고! 이 정도면 괜찮을 것 같아. 정말 고마워!"
"저야말로 도움이 되어서 영광입니다. 앞으로도 정보에 관해서는 저희 박준영 네트워크를 이용해 주시길 바랍니다. 감사합니다."

이것이 모든 정보라고 생각했던 나의 오산이었지만, 그래도 그 당시에는 필요 이상의 조건이라 생각했다. 자, 이제 Zequ를 찾아볼까….

       –

    처음부터 다시 생각해 보자. 2주일 전에 길드 채널에 강성진과 병관이 형 둘만이 접속했을 때, Zequ란 아이디를 가진 자가 들어와서 원석이 형을 찾고 있다고 했었지. 마찬가지로 8일 전에는 Zequ가 범진이 형과 제열이 형에게 직접 찾아갔다는 것이다. 바로 이 부분에서…. 원석이 형의 친한 친구들이나 다름없는 범진이 형이나 제열이 형을 찾아갔다는 점에서 병관이 형은 이것이 장난삼아 말했을 수도 있다고 했다.

    2주 전에 있었던 일은 강성진이 1주일 전에 역 앞에서 처음으로 털어놨던 이야기였다. 이럴 수가…. 난 이상하게 생각하고 있었다. 왜 그렇게 생각했지…. 하지만 그렇게 생각한다면 왜 굳이 범진이 형과 제열이 형에게 찾아갔던 걸까? 난 작전 개시 바로 직전에 당사자에게 직접 물어보기로 했다.

    "제열이 형, 저번에 범진이 형과 같이 PC방에서 놀고 있었을 때 Zequ라고 밝힌 사람이 그 PC방에 찾아왔다고 했었죠?"
    "… 그런데. 뭐 물어볼 거 있어?"

    지금까지 병관이 형과 대화를 통해 얻어낸 점들을 제열이 형에게 그대로 말해 주면 제열이 형도 그것에 대해 의문스러움을 표하면서 사실들을 제대로 답변해 줄 거다.

    "그 사람은 Shadow라는 아이디를 쓰는 원석이 형을 찾으러 온 거였잖아요? 그런데 어떻게 해서 원석이 형의 불알친구나 다름없는 범진이 형과 제열이 형을 정확하게 찾아올 수 있었을까요? 그 정도 정보력이라면 원석이 형에게 바로 찾아갈 수도 있을 것 같은데요. 어떻게 생각하세요?"

"… 음, 그러고 보니 그러네. 그런데 그 Zequ라는 녀석이 찾아왔던 건 사실이야. 근데 생각해 보니까 정말…. 그러면 Zequ는 처음부터 원석이가 어딨는지 모르고 있었던 게 아니라는 뜻인가? 이거 대체 어떻게 흘러가는 거지?"

이에 범진이 형도 자기 의견을 표출하기 시작했다.

"데이터를 모아 보니, 한 가지 분명한 것은 이 대회가 모두를 위한 대회가 아니라는 점이네. 우리도 대회 경기에만 집중할 수는 없을 것 같아. 원석이를 노리는 자가 있으니까, 우리가 그를 막아 줘야지."

범진이 형의 말이 맞다. 우린 원석이 형의 아군이니까 도와줘도 이상할 게 없다. 모든 작전 지시는 병관이 형이 주도하였고, 대회가 개최되기 직전, 슬슬 병관이 형이 사인을 내렸다. 우린 각자의 포지션으로 돌아갔다. 나는 화장실 바깥, 범진이 형과 제열이 형은 고등부 대회장 안, 강성진은 원석이 형을 끌고 바깥 근처 오락실로. 모든 준비가 끝났다. 자, 어디 한번 즐겨보실까… Zequ!

–

고등부 대회장, 64강 진행 시간에 맞춰 63명이 집합한 가운데 유독 최원석만 오지 않았다. 10분 정도 경과하자 김범진으로 보이는 괴기한 몸집의 남성과, 마른 체형을 가진 인제열이 최원석은 개인 사정으로 인해 대회를 그만두겠다고 했다며 대신 전했다. 다들 이 소리를 듣자 각자 수군거리기 시작했고 갑자기 여러 사람이 시끄럽게 소리쳤다.

"Shadow가 그만둔다고? 말도 안 돼."

"Shadow는 이 대회가 시시해서 집으로 돌아갔을 거야! 우릴 농락하다니, 젠장!"

"제기랄, 제기랄!"

"어떡하지… 난 Shadow 보러 참가한 거나 다름없는데, 그냥 집에나 갈까…"

"맞아, 맞아."

"대회 관계자! 어떻게 된 거야! 해명 좀 하라고!"

"대회 관계자는 해명해라! 해명해라!"

"해명해라! 해명해라!"

고등부 대회장이 시끄러워지며 순식간에 아수라장으로 변해버렸다. 바깥쪽에서 대기 중이던 초중등부의 대회 참가 인원들은 고등부 대회장이 왜 이렇게 시끄러운지 전혀 알 수 없었다. 대회 관계자들은 고등부 인원들을 진정시키려했으나 도무지 해결되려 하지 않았는데…. 그 와중에 갑자기 한 거수자가 고등부 대회장 바깥으로 빠져나와 화장실로 황급히 움직이기 시작했다. 그는 화장실 안에서 사람이 있는지 확인한 뒤 자신의 핸드폰을 꺼내 누군가와 통화를 하려 했다.

–

"Zequ에게 전화를 하려는 거겠죠?"

고등부 대회장 바깥에 잠복하던 나는 수상한 행동을 보이는 사람이 반드시 전화로 누군가에게 알릴 것이라고 예측했다. Shadow가 이 대회에 계속 참가하지 않는다면 이 사람은 대회에 계속 참가하는 의미가 없으니까. 난 화장실로 따라 들어가서 약간 나이 든 것 같은, 성인으로 추정되는 그에게 얘기를 꺼냈다.

"… 무슨 소리냐?"

"그 당사자의 부탁으로 인해 자기 자신이 Zequ로 위장해서 대신 대회에 참가하게 되셨죠? 아직도 왜 Zequ가 굳이 대역을 쓴 것인지는 저도 알 수는 없지만 말이에요. Zequ는 처음부터 Shadow를 노리고 이 대회에 참가한 것이기 때문에, 만약 Shadow가 대회 도중 이탈한다면 대역으로서는 반드시 당사자에게 전화로 알리려 할 것이라고 저는 생각했습니다. 방금 대회장 안을 소란스럽게 만든 것도 제가 아는 형들과 같이 꾸민 작전입니다. Shadow는 아직 이 대회를 포기하지 않았습니다."

순간 긴장감이 감돌았다. 분명 상대는 '이 녀석이 어떻게 내 비밀을 알고 있는 거지?' 하는 생각이 들었을 거다. Zequ가 가장 수상했던 점은 원석이 형을 찾는다면서 어떻게 제열이 형과 범진이 형에게 찾아올 수 있었냐는 것이다, 나는 그래서 Zequ가 Shadow에게 간접적으로 선전포고를 하려는 의도였을 것이라고 생각했다. 하여튼 나는 이 사건이 발발한 뒤부터 Zequ에 대해 여러 가지를 조사하기 시작했는데, 알아볼수록 점점 수상해졌다. 우연이라기엔 너무 지나치다.

"우선 저는 Shadow, 원석이 형의 제자입니다. 저는 Zequ가 왜 굳이 대회를 통해서 원석이 형을 만나려고 하는 것인지 처음에는 의문이었습니다. 저는 서로 대면해서는 안 될 만한 어떠한 이유가 있었기 때문이라고 생각했었습니다만, 어차피 치고 올라가면 갈수록 결국에는 만나는 것이기 때문에 다른 이유가 있을 것이라고 생각했습니다. 그런데 대회에서 원석이 형과 만나려고 하는 의도는 어느 정도 알겠더군요. Shadow는 프로토스의 희망이라 불리는 존재입니다. 공개적인 자리에서 그를 이길 수만 있다면 꽤 충격이 심하겠죠. 안 그래도 종족의 상성에서 저그에게 밀리고 있는 소규모의 프로토스 유저들… 그 프로토스 유저들의 희망을 깡그리 날려 버리는 상황이 만들어질 겁니다, 분명히."
"무슨 소리를 하는 것인지 잘 모르겠군. 내가 Zequ라는 아이디로 대회에 참가 중이긴 한데 말이다."
"Zequ의 이름은 연정훈, 나이는 18살인 것으로 알고 있습니다. 하지만 당신은 성인으로 보이는군요. 그럼 알려 주시겠습니까? Zequ의 주민등록번호 말입니다. 저는 Zequ 사건 해결을 위해 이미 개인정보를 얻어 내서 수첩에 주민등록번호를 적어 뒀었는데, 만약 제가 적어 둔 주민등록번호와 숫자 하나라도 틀리면 대역으로 알겠습니다."

"… 으음."

    당연히 다른 사람의 개인정보는 신청서를 낼 때 베껴 적을 때에만 일시적으로 기억할 수 있다. 웬만해선 다 기억해 내지도 못하겠지… 왜냐하면 대역이니까. 박준영에게 부탁해서 Zequ의 주민등록번호를 알아낸 것은 정말이지, 볼링으로 따지자면 스트라이크다. 나는 이 기세를 몰아 Zequ의 대역에게 성난 파도가 들이닥치듯 말을 퍼부었다.

    "역시 모르시는군요. 자기가 스스로 Zequ라면서 어떻게 자신의 주민등록번호를 모르십니까? 제가 이 사실을 그대로 대회 관계자에게 전달하면 어떻게 될까요? 다른 사람이 대회에 참가하는 건 분명히 실격일 텐데요."

    뭐, 여담으로 나도 강성진 대신 대회를 치른 적이 있지만 말이다. 하지만 그때는 너무나도 비상시였기에 어쩔 수 없었고, 다행히 얘기가 잘 통하기도 했고, 여러모로 다행이었지.

    "Zequ가 대회 관계자들에게 뇌물이라도 먹였는지는 잘 모르겠지만, 당신은 대역으로서 저번 주에 두 번이나 직접 게임을 했는데도 발각되지 않았더군요. 대회 관계자들도 도와주는데 Zequ는 당연히 결승에 올라갈 수 있을 것이고, 그렇다면 Shadow와도 만날 수 있겠지요. 안 그렇습니까!?"

"크크큭….."

"왜 웃습니까, 기분 나쁘게."

"네 녀석이 어떻게 안 것인지는 정말 의문스럽지만, 너는 모르고 있는 게 있는 듯하군."

"……?"

"확실히 너의 함정에는 내가 걸려들었지만, 결국은 Shadow의 선택에 따라 달라질 것이다. 뭐, Shadow가 이것을 피해갈 것이라는 생각이 들진 않지만. Zequ란 아이디는 그저 Shadow를 속이기 위한 페이크에 불과하다. 히드라를 가는 척하면서 뮤탈로 전환하는 저그의 교묘함과 같은 이치이지. 신고할 거면 신고해. 다만 함정에 걸려들어도 난 아무런 피해를 입지 않는 입장이다. 어떤가, 이래도 신고할 텐가?"

뭐야, 이 사람…. 설마 했더니 그냥 배 째라는 식으로 나와 버리네. 어떻게 해야 하지…. 진짜로 신고해 버릴까!?

"무슨 소릴 하는 것인지 잘 모르겠군요."

"간단하다. 그분께서는 자신의 아이디로 참가 신청을 하면 Shadow가 겁에 질려 내뺄지도 모른다는 데에서, 나보고 다른 아이디로 신청해 달라고 요구했지. 난 그래서 최근에 있었던 이승재 프로게이머와 연정훈의 일을 이용해 Zequ란 아이디를 써 본 것뿐이다. 이렇게 하면 네 녀석이 말하던 대로, Zequ가 갑자기 Shadow를 노리는 것도 그냥 프로토스 고수들을 겨냥하는 사냥꾼 같은 존재라고 인식하겠지."

… 도대체 원석이 형이 그 사람의 아이디를 보면 도망칠 수도 있다는 건 무슨 의미일까. 어떤 내막이 있는 것은 확실한데 나는 그것을 알지 못하고 있다. 하여튼 대부분은 내 생각이 들어맞은 듯싶다. 그런데 '그분'이라니, 서로 모르는 사이인 건가? 그저 의뢰를 받은 걸지도….

"그런데 왜 대신 대회에 참가하게 되었습니까?"

"난 그저 저그 아마추어 고수로서 배틀넷에서 그 사람을 우연히 만나 부탁을 받은 것뿐이다. 뭐, 수고비는 일이 잘되면 그때 준다고 하니 마침 심심해서 동조해 준 것뿐. 내가 굳이 네 녀석에게 더 이상 자세히 알려 줄 필요는 없지."

그는 알 수 없는 미소를 띤 채 화장실 바깥으로 나갔다. 나도 뒤따라 화장실 바깥으로 나왔을 땐 미리 바깥에서 엿듣고 있었던 병관이 형이 약간 난처한 얼굴을 하고 있었다.

"병관이 형, 무슨 일이라도 있나요?"

"아, 아니…. 고등부 대회장에서 있었던 그 소란은 제열이 형과 범진이 형이 나서 줘서 잘 처리했지만…. 아까 그 사람이 하던 말, 들어보니 '그분'이라는 사람이 누군지 좀 알 것 같아. 예전에 원석이 형과 동갑이었던 같은 길드 소속의 한 저그 유저가 있었는데, 3개월 전에 있었던 사건 때문에 이번 기회에 복수하려는 듯싶다."

"3개월 전에 있었던 사건이라니, 어떤 일인가요?"

이 일에 대해서는 병관이 형이 10여 분에 걸쳐 자세하게 알려 주었다. 내가 원석이 형을 PC방에서 처음 만났을 때쯤 원석이 형에게 중요한 일이 있었는데, 바로 같은 길드 소속이었던 Die가 자신에게 대결을 신청해 온 것이었다. 갑작스럽게 국민 맵인 로스트템플로 도전해 온 것, Die는 1개월 전에 신입으로 들어와 어느새 길드 내 대회를 통해 랭킹을 치고 올라오기 시작했다. 대회에서 Zera, Xeno, Maron, Soen 할 것 없이 그냥 다 쓸렸다. 이제 유일하게 Die가 밀리를 해 보지 못한 상대는 Shadow뿐이었다.

로스트템플 맵이 저그가 프로토스를 상대로 여러 가지로 괴롭히기 딱 좋은 맵 중 하나라, 원석이 형도 이번 게임을 가벼이 여기지 않고 만반의 준비를 해 게임에 임했다는 것이다. 그 당시에는 나도 옆자리에서 우연히 지켜봤기 때문에 이 게임의 결과는 알고 있었다. 원석이 형의 패배였다. Zera, Xeno를 비롯한 여러 길드원은 배틀넷 길드 채널에서 계속 기다리고 있었는데 원석이 형이 지고 나오자 다들 동요하기 시작했다.

이 소식은 삽시간에 대부분의 게임계 뉴스에 올라갔고, Die가 Shadow를 꺾은 이후로 대부분의 스타크래프트 유저들은 이제 Shadow의 시대는 갔다며, Die야말로 저그를 부흥시킨 구세주라고 부를 만큼 프로토스의 자존심을 상하게 하는 글들이 자주 뜨게 되었다. 그런데 2일 뒤에 갑자기 한 논문이 어느 홈페이지에 올라왔다. Die의 게임 패턴이 변화한 부분을 기준으로 리플레이를 자세하게 분석한 결과를 올려 Die가 맵핵이라는 주장을 한 것이다.

그런데 원석이 형 일행들이 보기에, 이 주장에 따른 근거가 확실하지는 않아 보였다. 어느 정도 의심은 가능할 수 있으나 'Die가 맵핵을 사용했다'라는 말을 함부로 할 수는 없는 정도였기 때문이다. 이어 당일에 Die가 이 논문에 대해 해명 글을 올렸다. 자신은 맵핵을 한 번도 사용해 본 적이 없으며, 이 논문은 Shadow를 비롯해 프로토스를 옹호하기 위한 뻔한 수작이라며 반론하자, 이번에는 프로토스 쪽에서 또다시 시끄러워졌고, 그 사건의 당사자인 원석이 형은 그냥 이 논쟁을 지켜보기만 하였다. 논쟁이 계속 치열해지자, Die는 이에 실망하여 결국 길드를 탈퇴, 그 이후 한동안 모습을 보이지 않았다고 한다. 이 사건은 결말이 나지 않은 채 그대로 종결되고 말았다.

　"어때, 뉴페이스. 그럴듯하지!?"
　"그 일을 들어 보니 어느 정도는 Die라고 생각될 수도 있겠는데요. 그때 그 경기, 저도 오프라인으로 지켜봤어요. 누구도 질 것 같지 않았던 용호상박의 승부, 결국 진 것은 원석이 형이었지만, 정말 대단했어요."

　그래, 아까 그 사람이 하던 말 중 'Shadow가 이것을 피해갈 것이라는 생각이 들진 않지만'이란 의미심장한 말은… 원석이 형 스스로도 이 사건을 그대로 묻고 싶진 않을 거라는 생각 아래서 한 말이겠지. 자, 드디어 사건의 윤곽이 제대로 드러났다. 현재의 Zequ는 가짜, 어떤 아저씨가 대역으로 맡고 있는 상태…. 실제로는 Die가 이 사건을 주도하고 있다는 것이로군. 일이 좀 더 재밌어지고 있는 것만큼은 틀림없다. 나는 골똘히 생각 중인 병관이 형에게 말했다.

　"병관이 형, 이 일에 대해서는 원석이 형에게만 알려 주지 말기로 하죠."
　"그건 왜?"
　"저희가 원석이 형의 일행이긴 하지만 우리의 일은 아니잖아요? 이번만큼은 Die가 원하는 시나리오대로 진행될 수 있도록 놔둬 보죠. Die도 나름대로 생각이 있을 테니."
　"뉴페이스."

"… 네?"

"너 말야, 장난꾸러기가 될 생각이야?"

"흐음…."

"원석이 형이 이걸 모르고 있다가 한 번 크게 당하면 프로토스의 전설이 꺾이는 상황인데, 너 종족 프로토스 아니야?"

"아뇨, 병관이 형. 이번은 제 말을 따라 주세요."

"그 이유는?"

"원석이 형, 아니… 전설의 프로토스는 어떤 상황에서도, 누구에게도 지지 않습니다. 제가 보증하죠."

"풋, 하하핫. 내가 너보다 원석이 형을 더 오래 봤는데, 그런 식으로 말하다니. 뭐, 좋아. 한 번쯤은 따라 주지. 단, 원석이 형이 Die에게 지게 된다면… 그땐 각오하는 게 좋을 거야. 알았냐, 뉴페이스?"

뭐지, 이 살기는…. 병관이 형에게는 다른 형들하고는 비교가 안 되는 살기가 느껴진다. 앞으로 이 형한테는 말조심하는 게 좋을 것 같단 생각이 든다. 범진이 형과 제열이 형이 일으킨 소동은 원석이 형이 오락실에서 돌아오기 전에 모두 정리됐기에, 원석이 형은 소동이 있었는지조차 모르고 있다. 단지 한 차례 해프닝이 있었다는 우리 일행들의 증언뿐. 어쨌든 64강이 시작되었다. 얼마 되지도 않는데 박준영이 초중등부 대회장 입구 바깥으로 나오고 있었다. 초반에 가볍게 상대를 누르고 나온 것이다.

"승태 선배는 다음 차례군요. 기대해 보겠습니다."

강성진도 박준영과 비슷한 차례에 이미 게임을 끝내고 나와서 쉬고 있었다. 오렌지 주스를 마시고 있길래 나도 약간 달라고 하니까 '마시고 싶으면 사 먹으라'는 투로 냉대받고 말았다. 그래서 나도 잠깐 슈퍼마켓에 가서 콜라로 목을 축인 뒤 돌아왔다. 그때쯤에는 벌써 내 차례가 돌아온 뒤였다. 나는 곧바로 초중등부 대회장 안으로 들어갔다. 이번 64강 상대는 Hotnews…. 저그이기 때문에 나는 초반부터 하드코어 질럿 러쉬를 생각했다.

저그가 처음부터 앞마당을 먹고 시작한다는 걸 정찰 프로브를 통해 파악하자마자 나는 곧바로 2게이트를 올렸다. 저그가 앞마당을 펴고 시작하지 않을 걸 대비해서 두 번째 게이트를 올릴 타이밍을 약간 늦추고 있었는데, 다행히도 저그가 앞마당에 해처리를 펴기 시작해 내 의도가 어긋나지 않았다. 난 예전에 배운 팁을 떠올려 질럿이 공격을 갈 때 프로브도 1기 더 동원하여 2 프로브 1 질럿으로 초반부터 저그 앞마당을 견제했다. 크립콜로니를 짓는 걸 최대한 방해하다가 드론이 허술하게 가만히 있으면 질럿과 프로브들이 같이 공격하는 거다. 프로브와 질럿이 같이 드론을 공격하면 원래는 3방에 죽던 것이 2방에 죽기 때문에 꽤 유용하다.

크립콜로니가 성큰콜로니로 변태하기 시작하면서 저글링 6기가 뛰쳐나와 교란을 시켜 프로토스가 무엇부터 공격해야 할지 당황하는 경우가 많았었는데, 원석이 형이 알려 주던 대로 나는 성큰콜로니로 변태 중인 건물을 체력 400에서 100까지만 데미지를 입힌 후부터 저글링만 상대하기 시작했다. 이렇게 하면 성큰콜로니로 변태했을 때 성큰콜로니의 체력이 1밖에 남지 않아서 프로브로도 곧바로 깰 수 있다. 버전 1.08v 때 크립콜로니는 체력이 400, 성큰콜로니는 체력이 300으로 패치된 이후부터 자주 써먹을 수 있는 수법이라고 들었다. 하여튼 나는 이런 걸 이용하여 성큰콜로니와 저글링을 제거하고 앞마당을 부쉈다. 남은 건 저그의 본진, 나는 질럿과 소수 프로브를 동원하여 본진을 공략하려 했다.

Hotnews : 님

Yukhang : ?

Hotnews : 그냥 져 주시면 안 돼요?

Yukhang : 네

저그의 본진 해처리는 부서지고 나는 GG를 받아 냈다. 이런 대회에서 봐줄 수가 없는 것이, 나도 계속 진출해 보고 싶기 때문이다. 최소한 본선까지 가 보고 싶다.

밀리를 시작한 지 3개월밖에 되지 않는 내가 32강 진출에 성공했다. 난 천재일지도 모른다. 난 콜라를 마시며 목을 축인 뒤 다음 차례를 기다리고 있었다. 32강은 마지막 예선, 16강부터는 본선이기 때문에 듀얼 토너먼트처럼 2연승을 해야 진출하는 게 가능한지라, 예상대로라면 본선부터는 꽤 치열할 거다. 토너먼트도 토너먼트지만…. 내가 32강 진출에 흐뭇해하는 사이에 강성진이 다가와 내게 일침을 가했다.

"초중등부는 아무것도 아니야. 진정한 싸움은 고등부부터 시작하지. 이런 곳과는 차원이 다른 실력을 갖추고 있는 나로선 정말 초중등부 대회는 지겨울 뿐이야. 얼른 나이나 처먹어서 고등부에 참가했으면 하는 바람뿐이지. 경고하겠는데 그 정도 실력으로 16강전에서 날 이길 수 있을 거란 생각은 하지 마라."

에휴, 그래그래. 너 잘났어… 증말. 얼른 이 녀석을 짓밟아서 저렇게 반말 찍찍 내뱉는 것 좀 막고 싶다. 강성진의 이러한 지겨운 설교를 듣는 동안 64강전은 마무리돼가고 있었다. 그런데 갑작스러운 이변이 일어날 뻔했다.

"웃차! 큰일 날 뻔했네."

원석이 형이 자리에서 일어나며 가벼이 스트레칭을 하였다. 내막을 들어 보니 질 뻔했다는데, 저그전을 하다가 러커에 빈틈을 보여서 궁지에 몰려 버렸으나, 가까스로 옵저버를 띄워서 질럿 퍼뜨리기로 막아 내니 상대방으로부터 GG를 받아 냈다는 것이다. 다만 앞마당 넥서스가 날아갈 뻔도 했고, 여러모로 위기가 있었다고 한다. 우리 일행 중에서 원석이 형의 생존을 가장 걱정스러워하는 사람은 강성진이었다. 병관이 형은 잠깐 스트레스 해소하러 오락실에 대전 격투 게임을 하러 간다고 말했다. 이윽고 범진이 형과 제열이 형이 담소를 나누며 대기실로 나왔다. 둘 다 32강 진출인 듯하다. 32강이 시작하려면 1시간 정도는 기다려야 해서 제열이 형이 제안했다.

"우리도 오락실 가 볼래? 가서 펌프나 하자고."

모두 합의, 우리는 오락실로 가 보기로 했다. 과연 오락실도 인파는 넘쳐났다. 총싸움 게임, 비행기 게임들이 줄지어 배치되어 있었다. 제열이 형과 범진이 형은 펌프하러 가고, 강성진은 퍼즐 게임을 하러 갔다. 강성진… 의외로 특이한 취향이군. 원석이 형과 나는 대전 격투 게임이 있는 곳으로 갔는데, 그곳에서는 병관이 형이 자리에 앉아서 이미 대전 격투 게임을 하던 중이었다. 그런데 병관이 형의 심기가 불편해 보이는 게, 반대쪽에 있는 상대가 더 잘해서 고전을 면치 못하고 있는 것이었다.

난 그래서 원석이 형과 반대편에 가 보기로 했는데, 그 상대는 내가 알던 녀석이었다. 매우 수려한 외모에 하얀 피부, 적절한 키에 적절한 몸무게… 강초원이었다. 2주 만에 다시 만나다니… 인연인가. 오랜만에 봐서 그런지 조금 더 잘생겨 보인다. 강초원은 계속 게임에 집중하는지라 내가 뒤에서 지켜보고 있는 것은 모르는 듯했다. 다른 사람들도 강초원의 대전 격투 게임 실력에 놀라 그런지 8명 정도 뒤에서 지켜보던 중이었다. 나는 금방 알아보고 원석이 형에게 이 녀석이 강초원이라고 알려줬다. 이에 원석이 형은 조금 놀랐다. 왜냐하면, 너무 아름다운 미소년의 전형인 데다 자기보다도 잘생겼기 때문이었다. 병관이 형이 강초원에게 패배하자 원석이 형이 또다시 반대쪽 자리를 향해 걸어갔다. 거기에는 병관이 형이 절규하는 모습이 화보처럼 그려졌다.

"오늘은 계속 지네, 으아아아!"
"병관아, 이번엔 내가 한번 해 보자. 자리 좀 비켜 봐."

　라이벌 의식이 생긴 걸까, 원석이 형은 갑자기 오락기에 동전을 집어넣으며 강초원과 대결하려 했다. 그런데 막상 게임을 하는 걸 보니 원석이 형도 잘하는 것 같다. 원석이 형의 캐릭터가 10단 콤보, 필살기를 활용하여 강초원의 캐릭터를 박살 내 버렸다…. 강초원은 패배한 뒤 자리에서 일어나 우리 쪽으로 와서 상대를 확인하려고 하는데, 이에 원석이 형이 활짝 웃으며 마찬가지로 자리에서 일어나 강초원에게 직접 말을 걸었다.

　"너 스타크래프트 잘한다며? 이도재 감독이 이끄는 YD팀으로 들어갔다는 소식은 들었다. 난 배틀넷에서 Shadow라는 아이디를 쓰는데, 하여튼 연습생이 된 걸 축하한다."

　자기 앞에 Shadow가 있다. 프로토스의 전설이 있다. 강초원은 자신이 유명한 사람과 만났다는 것에 그만 흥분해 버렸다. 둘은 계속 스타크래프트에 관련된 이야기를 하면서 10분을 끌었다(아까 원석이 형이 하던 게임은 병관이 형이 자리를 뺏어서 계속했다). 그런데, 난 잊고 있었다. 강초원이 원석이 형 옆에 있던 날 보더니 금방 알아채고는 물었다.

　"혹시 서로 아는 사이입니까?"

　나와 원석이 형이 같이 서 있는 걸 보며 강초원이 물었다. 내가 얼른 정신 차리고 자리를 피했어야 했는데…. 원석이 형이 재빨리 둘러댔다.

　"아하, 그래! 이 녀석은 내 제자야. 요즘 들어 실력이 부쩍 늘고 있지."

　강초원은 내 쪽을 바라보며 말했다.

　"최근에 널 찾고 있었는데 이렇게 만날 줄은…. 한 판 더 해보고 싶었지만 네가 이름을 알려 주지도 않고 급하게 PC방을 빠져나가 버려서, 이제는 만날 수 없을지도 모른다고 생각했지만…. 결국 다시 만나게 됐구나."

아무래도 강초원은 원석이 형과 더불어 나하고도 밀리를 하고 싶은 눈치다. 한번 실력 있는 척 멋을 부려서 둘러대 볼까. 역시 두뇌 회전이 빠른 나는 천재다.

"그래? 그땐 네가 잘한다길래 한번 게임을 해보고 싶어서 도전했던 거였는데. 그동안 날 찾고 있었다는 그 노력은 칭찬해 줄게. 그런데 그 실력으론 아직 내 상대는 안 돼."

내 자만하는 듯한 말에 강초원은 갑자기 진지해졌다. 조금 발끈한 듯싶기도 한데, 강초원이 뭔가 말하려던 참에 내가 말을 계속 이어나갔다.

"1년 뒤에 만나서 다시 해보자. 그때는 아무래도 네가 날 쫓아와 있겠지. 넌 연습생이잖아? 서로 배틀넷 아이디도 알고 있으니 못 만날 이유는 없을 테고. 어때?"

나의 겁 없는 말에 원석이 형은 '무슨 생각으로 이런 소릴 하는 거지?' 하는 표정으로 날 주시하였고, 강성진도 퍼즐 게임을 하던 중에 내 말을 듣더니 "미친놈"이라고 중얼거리며 오락기나 계속 두들겼다.

"확실히…."

강초원은 무언가 말을 하려다 잠깐 말을 끊더니 한참 뒤에야 말을 다시 이었다.

"그때 너와 밀리를 하면서 서로 간의 실력 차이가 크다는 걸 느꼈던 것도 다 사실이야. 그런데… 내 실력을 이렇게 과소평가하는 것도 네가 최초다. 6년 동안 스타크래프트를 해 오면서 그런 수모는 처음이었어…. 화가 치민다고. 난 네가 무시할 만큼 절대 약하지 않아. 너의 제안은 기꺼이 받아 주지. 1년 뒤에는 과연 어떻게 될지 두고 보라고. 결코 쉽게 지진 않겠어."

말은 그렇게 했는데…. 막상 오락실에서 바깥으로 나오니 괜히 말한 듯싶기도 하네. 하여튼 32강이 시작하려면 30분 정도는 더 남았는데…. 일행은 다 함께 햄버거 가게나 들러서 허기라도 채우려 했다. 강성진은 햄버거를 먹으면 살찐다고 해서 다른 데로 가 버리고, 나와 원석이 형, 범진이 형, 제열이 형, 병관이 형은 햄버거 세트를 시켜서 맛있게 먹었다. 원석이 형은 아까 일에 대해 잡담이나 했다.

"그런데 최승태, 강초원 녀석이 나보다 잘생겼더라. 나도 미남인데 말이야."
"저도 처음에 강초원과 만났을 때 제가 꿀리는 것을 느꼈습니다."
"그나저나 그 말 진심이야? 강초원과 1년 뒤에 다시 해보자는 것 말이야."
"그런 말을 하지 않으면 저를 보낼 것 같지도 않고…. 하여튼 1년 뒤에는 제가 좀 더 강해질 테니 문제없습니다."
"음…."

대회장으로 돌아왔을 땐 이미 32강이 시작 중이었다. 강성진, 원석이 형, 범진이 형, 제열이 형의 차례가 돌아왔다. 병관이 형은 이제 자유의 몸이 돼서 오락실에서 세월을 보내고 있었다. 그리고 아까부터 범진이 형과 제열이 형이 시끄럽게 떠들고 있다. 어쩔 수 없는 것이, 32강에서는 제열이 형과 범진이 형이 서로 같은 대진으로 구성되어 있어서 여기서 한 사람이 떨어질 수밖에 없었기 때문이었다.

"흐흐, 인제열. 반드시 네게 노컨의 위력을 보여 주고 말 테다!"
"덤벼, 김범진!"

노컨이라면⋯. 노 컨트롤의 줄임말인가. 뭐, 상관없지. 누가 이길지는 꽤 궁금한데⋯. 박준영이 갑작스럽게 내게 다가오더니 말했다.

　"저 두 분도 선배와 아는 사이인 듯싶군요. 저분들도 배틀넷에서 꽤 유명합니다. 한번 누가 이길지 저와 내기해 보는 게 어떻습니까?"

　갑작스러운 내기⋯. 나는 범진이 형과 제열이 형을 처음 만났을 때 제열이 형이 상대가 노컨인 것을 이용해 사이오닉 스톰만 날리면서 이겼던 걸 생각해서 제열이 형에게 걸었다.

　"그럼 저는 김범진 님에게 걸도록 하겠습니다. 이 내기 재미있겠군요."

　1만 원을 걸고 한 내기⋯ 질 수는 없다. 박준영과 나는 고등부 대회장 문을 계속 바라보며 범진이 형과 제열이 형이 나오기만을 기다렸다.

"승태 선배, 제가 왜 갑작스럽게 내기를 했으며, 김범진 님을 선택한 이유를 아십니까?"

"음?"

같이 대기실에서 두 사람의 게임이 끝나기를 기다리던 중 박준영이 내게 말했다. 내기한 이유는 원래 궁금하지만, 범진이 형을 선택한 이유라니….

"내기를 한 이유는 제가 반드시 이길 수밖에 없다고 생각했기 때문입니다."

"반드시 이긴다니… 그건 또 무슨 소리지?"

"저희 박준영 네트워크에서는 어젯밤에 간부들끼리 모여 이번 32강에 맞붙게 될 김범진 님과 인제열 님의 그 날 컨디션과 물량, 컨트롤, 전술의 활용도, 루나 맵의 종족 간 상성, 자주 쓰는 빌드오더 등의 자료를 종합하여 시뮬레이션 하여 프로그램에 적용, 측정한 결과 김범진 님이 노컨을 바탕으로 한 압도적인 승리를 할 것으로 총 집계 하였습니다. 이 시뮬레이션 프로그램의 정확도를 실험해본 지 6개월이 지났지만, 아직도 100%의 예측을 자랑하고 있으며 저도 또한 이 프로그램을 신뢰하고 있습니다."

그러더니 내게 그 신제품을 보여 주면서 이 제품을 만들기까지의 과정도 설명하려 들었다. 그런데 가면 갈수록 박준영의 정체는 궁금해지려 하고 있군. 학교 컴퓨터에 침입해서 시험에 관한 자료를 빼내 전교 1등만 하는 해커인 데다, 신제품을 판매하는 판매업자로서의 면모, 그리고 엄청난 정보통을 가지고 있는 박준영 네트워크…. 나는 박준영이 이렇게 잘나가는 배경에 관해 물어봤다.

"왜냐하면, 저는 천재이기 때문입니다."

–

인제열은 5시 진영으로 더블넥서스를 감행했고, 김범진은 8시 진영에 앞마당을 확보했고 추가 멀티로는 11시 앞마당을 가져갔다. 인제열이 프로브 정찰을 주기적으로 하면서 김범진의 테크트리를 파악해 나가려 했지만, 저글링 6기가 계속해서 제압하였다. 프로토스가 저그의 테크트리를 파악한 시점은 커세어가 1기 나왔을 때부터였다. 그것은 바로 노 레어 땡히드라였다. 히드라 사업을 누른 저그의 공세가 시작되었다.

이에 인제열은 5시 앞마당에 수많은 캐논을 건설하여 시간을 때우려 들었고 리버를 기다렸다. 캐논이 1기만 남고 게이트웨이와 포지가 모조리 부서졌을 때 리버가 등장, 간신히 방어에 성공한다. 인제열은 추가로 셔틀 속업을 눌렀고, 로보틱스에서 두 번째로 나온 리버를 셔틀에 태워서 김범진의 8시 앞마당으로 진격, 리버 드랍으로 드론을 타격하였다. 둘째로는 8시 본진을 타격, 히드라가 점점 우왕좌왕하기 시작했다.

수비만 해서는 답이 없다고 생각한 저그, 김범진은 11시 쪽에서 나온 히드라들을 본대에 합류, 또다시 프로토스의 5시 앞마당으로 밀고 들어왔다. 리버 하나가 잡히고 어찌어찌 뚫릴 것도 같은데 뚫리질 않는다. 이는 캐논들을 재건설했기 때문이다. 프로토스는 건물을 짓는 것이 아니고 소환하는 것이기 때문에 건물 다수 건설에 효율적인 종족이다. 그렇기에 이번 땡히드라 러쉬도 막은 것이다. 인제열에게 더 이상의 피해는 용납이 되질 않았다. 리버가 프로토스가 6시 미네랄 멀티까지 여유 있게 확보, 저그는 8시 본진과 앞마당 마비 상태….

하지만 김범진은 포기하지 않았다. 드론을 계속 충원하여 죽은 드론들 대신 계속해서 일을 시켰고, 히드라로는 중요 포인트에 집중 배치, 이번엔 프로토스가 먼저 공격 오게끔 만들었다. 작전을 전환한 것이다. 하지만 이런 플레이로는 대세가 바뀌지 않았다. 인제열의 발업질럿과 2리버 러쉬는 생각보다 강력했다. 11시 앞마당 해처리가 순식간에 박살 났다. 승패가 명백하게 갈린 상황이었다.

 Maron : GG
 Soen : GG

—

 갑작스럽게 고등부 대회장에서 누군가가 나오기 시작했다. 먼저 나오는 사람이 거의 게임에서 지고 나오는 사람이라, 박준영과 나는 두 눈을 크게 뜨고 고등부 대회장 문만을 쳐다봤는데, 결국 회심의 미소를 짓는 자는 나였다. 범진이 형이 먼저 나오더니 힘없이 화장실로 가 버렸다.

 "내가 지다니…."

 라는 혼잣말과 더불어서 말이다. 박준영은 이 결과에 대해 놀랄 수밖에 없었다.

 "선배, 이 결과는 조작되었습니다. 누군가가 제 신제품을 바꿔치기한 게 틀림없습니다. 왜냐하면, 이 신제품은 지금까지 100%의 예측률을 자랑하고 있었기 때문입니다."
 "흐흐, 하지만 내가 이겨 버렸는걸. 자, 내기에 대해선 발뺌하진 않겠지?"
 "사실 전 이 신제품의 능력만 믿고 1만 원 이상의 자본을 가지고 오지 않았습니다."
 "……."
 그러면 나만 손해였잖아. 돈을 안 갖고 1만 원을 내기한 거였다니… 치사하군. 생활비도 빡빡해 죽겠는데, 하마터면 내 아까운 1만 원을 잃을 뻔했다. 내가 이런 생각을 하고 있을 때, 박준영이 자신이 들고 있는 신제품 CD를 내 손에 쥐여 주며 말했다.

"하지만 선배, 이왕 가져온 거니 1만 원 대신 이 신제품을 거둬들이십시오."

… 무슨 뚱딴지같은 소리인가…. 이 신제품 CD를 갑자기 대신 준다니. 박준영의 생각은 전혀 읽어낼 수 없을 정도다.

"왜냐고 묻지 마시고 그냥 가지십시오."

… 가 버렸군. 신제품, 스타크래프트 시뮬레이터. 나중에 심심할 때나 한번 써 볼까. 심심할 때나 한번 써 본다고 해도 방금 전 결과 때문에 예측률은 100%가 아니게 되는데…. 하여튼 재밌는 프로그램이군. 2분 후 기고만장하게 걸어 나오는 제열이 형을 나는 반갑게 맞아들였다. 게임이 끝난(물론 이기고 돌아온) 원석이 형도 돌아오더니 말했다.

"오호라, 결국 범진이가 졌네. 저번에 제열이랑 내가 스타 리그 결승전 보러 현장에 갔을 때 범진이는 혼자서 PC방에서 연습만 계속했었는데… 쯧쯧."

원석이 형은 그렇게 말하더니 잠깐 대진표를 살펴보았다. 단순히 앞으로의 상대가 궁금해서이기도 하겠지만…. 자신을 노린다는 Zequ가 16강 진출에 성공했는지 확인하고 싶기도 했을 것이다.

'이젠 내 차례로군.'

본선 16강을 위한 마지막 관문이다. 난 절대로 여기서 질 수는 없다. 32강 상대는 Giant, 5시 테란이다. 8시 프로토스인 나는 1게이트에서 코어를 올려 드래군만 계속 뽑다가 로보틱스를 올리는 식으로 여유롭게 플레이했다. 그런데 예상 외로 테란의 공격이 빠르다. 바이오닉인가 싶었지만, 그것은 아니다. 7마린 1탱크…. 게다가 소수 SCV에 나중에는 벌처까지 합류해서 내 앞마당 근처에 배치되었던 드래군들을 공격하는 것이었다. 하지만 다행히도 벌처의 마인을 내 드래군 1기의 전진으로 역대박을 일으켜 마린 7기를 전멸시키고 가까스로 막아냈다.

그나저나 저 역대박 아니었으면 내 드래군이 전멸했을 듯싶은데…. 하여튼 이제 앞마당에 넥서스를 소환해 두고 옵저버터리를 추가로 지어 옵저버를 생산했다. 그리고 9시 미네랄 멀티에 프로브를 배치해 또다시 넥서스를 소환한다. 이것이 바로 원석이 형에게 배운 테란 상대로 하는 트리플넥서스라는 것이다. 테란의 초반 공세가 어느 정도 수그러들 때 하는 게 바람직하다고 하는데…. 중반 타이밍 러쉬만 아니라면 꽤 자원력에서 할 만하다고 내게 알려 주었다. 그리고 나는 테란의 앞마당 바깥쪽에 드래군을 다수 배치, 그리고 미네랄 멀티 우회 길목인 다리 부근에도 드래군을 전진 배치해서 벌처만으로는 함부로 바깥으로 나오지 못하게 하여 내가 트리플넥서스를 사용한다는 것을 은폐시켰다. 난 역시 천재로군.

그런데 내가 안심하고 있는 순간 탱크를 앞세운 테란이 엄청나게 빠른 속도로 치고 나오기 시작했다. 나는 원석이 형이 가르쳐 준 대로 드래군으로 치고 빠지기만 반복하면서 발업질럿을 기다렸다. 하지만 내가 원하는 타이밍에 발업질럿은 나오지 않았고, 결국 테란의 다리를 통한 조이기로 인해 내 미네랄 멀티가 파괴되었다. 왜 이렇게 발업이 늦나 싶어 확인해 보니, 나는 경솔함으로 인해 아둔에서 질럿의 발업 업그레이드를 누르지 않았던 것이었다! 난 앞마당만 남겨지게 되었고, 테란은 3시 미네랄 멀티를 하나 더 확보한 뒤 내 앞마당 바깥에 조이기 라인을 구성했다.

Giant : GG?

나는 저돌적으로 상대의 도발에 넘어갔다. 하지만 이 발끈 러쉬는 내게 엄청난 도움이 되었으니…. 질럿이 갑자기 치트를 쓰듯 따닥따닥 시즈탱크에 붙어 버리고, 드래군이 신속한 스피드로 전진하여 프로토스의 괴력으로 조이기 라인을 뚫는 데 성공했다. 난 곧바로 셔틀 1기도 동원하여 테란의 제2 멀티인 3시 미네랄 멀티로 총공격, 시즈모드 탱크가 뭉쳐 있는 곳에는 셔틀을 통한 질럿 떨구기로 서로 자폭 효과를 유도한 뒤 드래군을 그대로 밀어 넣었다. 테란의 제2 멀티를 무력화시킨 뒤 나는 연속적으로 멀티를 한꺼번에 늘렸다. 테란은 내가 또 앞마당까지 공격할 거라 생각해서 그런지 방어만 하다가 GG를 치고 나갔다. 나는 32강전을 끝내고 원석이 형에게 돌아가 아까 테란에게 당했던 전략에 대해 상의를 하려 했다.

"너 FD라는 거 당한 거야. 페이크 더블이라고도 하지."

그러고는 준비라도 되어있다는 듯이 옛날이야기를 꺼내려 하는데 방금 게임을 끝내고 돌아와 지쳐있던 나로서는 난감할 수밖에 없었다.

"원석이 형, 여기서 뭐 하고 있어요? 얼른 갈 준비나 하자고요. 마우스는 챙겼어요?"

그러고 보니 32강이 마무리되면서 오늘 일정은 끝났다. 강성진이 원석이 형에게 서두르자고 말해 준 덕분에 나는 원석이 형에게 지겨운 옛날이야기를 듣지 않게 됐다! 정말 고마울 따름이다. 원석이 형이 주먹으로 머릴 가볍게 치며 말했다.

"아하, 맞다. 오늘은 32강까지만 하는 거였지…. 뭐, 마우스야 손 주머니 안에 미리 챙겨 뒀다."

원석이 형이 보유 중인 일명 초사이언 마우스…. 난 마우스를 특별히 들고 다니진 않는다. 예전부터 PC방에 있던 걸 그대로 써 왔으니까. 굳이 마우스를 소지하고 있지 않아도 그다지 불편함을 느끼진 않았다. 그러고 보니 대회에선 자기가 사용하는 마우스는 물론이며 키보드도 챙겨 오는 유저들이 가끔 있는데 신기할 따름이군. 32강까지는 범진이 형과 병관이 형의 탈락이 조금 거슬리긴 하지만 대부분 순조롭게 진출했다.

초중등부에서는 강성진과 나, 박준영이 16강에 합류했다. 그중 강성진과 나는 16강에서 같은 조에 속한다. 같은 조이긴 하지만 듀얼 토너먼트 방식인 데다 처음부터 붙는 대진은 아니므로, 강성진과 내가 같이 이기거나 지면 서로 만나게 된다. 같이 이겨서 만나는 건 걱정이 안 되지만, 같이 진다면 한쪽이 16강에서 탈락할 수밖에 없게 되겠군. 반면에 고등부에서는 초고수에다 미남인

원석이 형과 엽기의 대가 제열이 형이 나란히 진출해 있다. 그런데 제열이 형은 16강에서 Zequ와 같은 조에 속한다. 거기에다가 처음부터 대결하도록 대진이 구성되어 있어서 제열이 형으로선 난처하겠군.

"제열아, 너 Zequ란 녀석하고 결국 16강에서 만나게 되네?"

미남이지만 워낙 둔하므로 나보다 늦게 발견한 원석이 형이 제열이 형에게 말했다. 자신도 이미 알고 있었는지, 제열이 형은 멍하니 대진표만 바라보고 있었다. 제열이 형 자신도 어느 정도는 연습을 하지 않으면 이기기 힘든 상대라는 것을 알고 있겠지. 그래도 제열이 형은 생각보다는 낙천적인 반응을 보였다.

"음…. 그래도 같은 조에 속한 다른 사람들과 대결해서 2번 연속으로 이기기만 하면 되니까, 뭐. Zequ를 못 이겨도 진출할 가능성은 충분하지."

그다음은 원석이 형의 각오다.

"후후, Zequ 녀석이 나와 게임하고 싶어서 대회까지 참가해 오다니, 이거 점점 긴장되는데!? Zequ 녀석도 얼른 결승까지 올라와만 준다면 이 원석 님이 친히 나서서 상대해 주지!"

그래도 아마추어에선 자신을 상대할 만한 사람이 없다는 건가. 원석이 형은 꽤나 자신만만하다. Zequ가 Die라는 것이 확실시되고 있는 가운데, Zequ의 정체를 아직도 모르고 있는지라 그럴 만도 하다. 과연 Die와 Shadow가 다시 붙게 된다면 승자는 누가 될 것인가…. 박준영이 내게 줬던 그 신제품, 스타크래프트 시뮬레이터를 사용해 볼까 하는 생각이 들긴 했지만, 그냥 그만뒀다. 원석이 형은 이곳을 떠나기 전에 잠깐 PC방의 빈자리를 찾아 앉아서 배틀넷에 접속해 길드원들에게 자신이 16강 본선 진출에 성공했음을 알리려 했다.

Shadow : 님들, 저 대회 16강 진출입니다!

Dungbig : 오, 역시 원석 님입니다!

Legios : 무난하게 올라갈 줄 알았습니다

Ragnarok23 : 꺼져

건물 바깥으로 나가보니 이미 노을이 지려는 상태, 저녁이 되어있었다. 박준영과는 간단한 인사를 주고받은 뒤 헤어졌고, 나머지 일행들끼리 모여 포장마차나 가서 허기를 채운 뒤 각자 해산하기로 합의를 했다. 난 떡볶이를 그리 좋아하는 편이 아니라 튀김이나 사 먹었고, 나머지는 어묵과 떡볶이로 배를 채웠다. 포장마차에서 간단하게 식사하며 오간 이야기 중에서는 범진이 형과 제열이 형의 32강전 경기에 대한 것도 있었고, 원석이 형이 낮에 오락실에서 보여 줬던 격투 게임의 실력에 대해 병관이 형이 여러모로 관심을 갖고 이것저것 물어보는 것도 있었는데, 하여튼 가지가지였다.

그리고 밤이 돼서야 나는 외로이 집으로 돌아왔다. 대회 경기마다 리플레이들을 계정에 저장해 둬서, 오늘은 심심하지 않게 대회 리플레이들이나 보면 될 것 같다. 그나저나… 최근에 느끼고 있는 건데, 방학이 오히려 나를 나른하게 만드는 것 같아 요즘 걱정이다. 운동을 안 해서 그런 건가…. 요즘 들어 스타크래프트 때문에 공부도 잘 안 하니까 더욱 그런 기분이 드는 걸지도 모르겠다.

그나저나, 지금 리플레이로 다시 보니까…. 32강전 Giant와의 경기는 정말 힘들었었군. 질 수도 있었으니 말이다. Giant가 하필이면 조이기 이후에 다 이긴 줄 알고 물량을 뽑는 걸 소홀히 해서 이때부터 자원이 남아돌기 시작했다. 내가 이긴 건 정말이지 행운이었다. 그다음으로는 Teze, 내가 강성진 대신 붙었던 그 상대는 생각보다 강력했다. 준프로게이머라서 그런지 나와는 실력 차가 너무 급격히 났다.

그의 다수 탱크와 마린 러쉬는 내 드래군 7기로 막기가 너무 버거웠다. 다크템플러를 쓴다면 막을 수 있었으려나…. 다크템플러를 쓴다고 해도 그냥 뒤로 빠져서 자기 본진으로 돌아가면 뒤늦게 지어진 터렛으로 앞마당 라인 구축이 가능하지 않을까? 그러면 앞마당 멀티도 가져갈 테고…. 그렇다면 어떤 전략으로 그 테란을 상대해야 하지? 나로선 대책이 안 선다. 내가 이런 사람들을 이기려면 앞으로도 얼마큼 연습해야 할지 모르겠다. Teze와의 경기 리플레이가 끝나자마자 컴퓨터가 다운됐다. 이 다운 현상은 약과라 할 수 있다. 하여튼 덕분에 다른 리플레이를 볼 생각이 사라지게 되었다. 이왕 이렇게 된 거 그냥 침대에 돌아가 잠자리에 들었다.

–

Yukhang : GG
Legios : GG

"최육항, 한 주 만에 실력이 이렇게 늘다니. 기대 이상이로군. 하하하하!"

PC방, 요즘 들어 이도재 씨가 날 부르는 호칭이 달라졌다. 내 성에 아이디를 그대로 붙여 최육항이란 단어를 만들어냈다. 너무 자연스럽게 부르길래 처음에는 그냥 놔뒀는데, 왠지 무협에나 등장하는 인물 이름 같아 조금 난감하다. 하여튼… 하루하루 변화하는 내 실력에 이도재 씨는 감탄했다(물론 게임은 내가 졌다. 이도재 씨는 의외로 강하다). 이도재 씨는 이렇게 가끔씩 짬을 내서 이 PC방에 놀러 오고 있다. 원석이 형이 프로게임계로 왔으면 하는 바람에 자주 찾아온다고 생각할 수도 있겠지만, 내 생각에는 그냥 나하고 스타나 하면서 스트레스를 해소하기 위해 오는 것 같다. 우리가 1:1을 하기도 하지만 2:2도 즐기는 터라 밀리만으로도 색다른 재미를 일궈내기도 한다.

이도재 씨는 올 때마다 가끔 자기 팀인 YD팀에 관해서 이야기하곤 한다. 최근 들어 MSMT라는 대기업 회사와 스폰서를 계약했다고 하는데, MSMT의 사장인 안 씨는 YD팀에 대해 처음에는 거부감을 느꼈으나, 이도재 씨의 언변이 안 씨의 마음을 움직여 결국 계약이 체결됐다고 한다. 그리고 이건 오늘 처음 알았는데, 아직 YD팀이 프로 리그 참가 인원 최소 6명이 안 돼서 지금은 프로 리그 참가를 못 하고 있다고 한다. 감독과 팀원의 불화로 인해 몇 명이 YD팀에서 빠져나가 YD팀이 현재는 5명이라는데 안타까운 사실이다. 그러나….

"좋았어요. 이도재 씨! 계속 밀어붙여요! 제가 11시 테란 맡을게요!"

"하하하하하! 최육항, 역시 넌 대단한 인재로군. 그럼 난 뒤 걱정 없이 3시 저그를 밀도록 하지!"

"좋아요, 이도재 씨! 계속 그렇게 밀어요. 하나만 끝내면 다른 하나는 아무것도 아니니까!"

"하하하하하! 너희들은 내 상대가 될 수 없다! 하하하하하!"

지금 같이 논다는 게 문제다. 그것도 나하고. 그나저나 2 프로토스의 위력은 정말 굉장한 것 같다. 다른 조합보다 이게 더 튼튼하다. 상대방 쪽에 테란이 껴 있으면 우리 중에 한 사람이 드래군 위주 조합을 편성하면 되는 거고, 상대방 쪽에 저그 프로토스뿐이면 온리 질럿 러쉬를 하면서 중앙을 휘어잡으면 되니 말이다. 별걱정 없이 플레이할 수 있는 게 우리 프프 조합인 것 같다.

오늘 전적 15승 0패, 누누이 말하지만 이도재 씨와 나의 팀플레이는 세계 최고, 기네스북감이다. 오늘 그것을 입증한 것 같단 생각이 들었다. 출출할 때마다 라면으로 한 끼를 해결하며 PC방에 머무니, 이것 또한 추억이라 할 수 있지 않겠는가. 비록 이 이삼십 대로 추정되는 아저씨와 함께라도 말이다.

"이도재 씨! 제 본진에 뮤탈 떴잖아요!"

"커세어 가는 중이다. 기다려 주게나. 하하하!"

"뮤탈 마크 좀 해 줘요. 제 본진에 못 오게."

"그거야 어려울 것 없지. 맡겨 다오! 최육항, 다크 대비는 하고 있겠지?"

"… 엥, 상대방 다크에요?"

"바보바보로군. 나 안 도와줄 거다?"

"칫, 좋아요. 지금부터 캐논 테크트리 가도 안 늦으려나…! 어디 한번 해 보자!"

그저께와 어제에 이어 오늘도 마찬가지로 이도재 씨는 우리가 머무는 PC방에 놀러 왔다. 나와 이도재 씨는 배틀넷 팀플 2:2를 3시간씩이나 해대면서 즐겁게 시간을 보냈다. 그런데 이도재 씨가 오늘따라 말수가 조금 줄어든 기분이다. 자주 하던 농담도 안 하고 말이다.

"그런데 이도재 씨, 혹시 무슨 고민이라도 있습니까?"
"으음?"
"오늘 들어 기운 없어 보이더군요. 무슨 일 있어요?"

진짜로 기운이 없어 보였다. 누구라도 오늘의 이도재 씨를 본다면 기운 없어 보인다고 말했을 거다. 이도재 씨는 내 말을 듣더니 약간 힘이 빠진 듯한 목소리로 대답했다.

"아아, 최육항. 마침 잘 얘기해 줬다. 사실 어제 MSMT YD팀원들이 대거로 탈락해 버려서 말이야."
"팀원이 대거로 탈락이라뇨?"
"그러니까, 어제 코엑스에서 듀얼 토너먼트를 진행했었거든. 듀얼 토너먼트는 스타 리그로 가는 과정 중 하나라, 이곳에서 떨어지면 다시 듀얼 토너먼트에 머물게 돼서 올라오기가 쉽지 않은데…. 어제 방송에서 탈락한 두 녀석까지 합하면 팀원이 3명이나 스타 리그 진출에 실패해 버린 거야. 게임계 뉴스에서도 YD팀의 불화와 더불어 프로 리그 불참, 팀 내 하락세로 인해 해체될지도 모른다고 중얼대고 있고."

그러고 보니…. 그 뉴스라면 나도 어제 집에서 잠깐 인터넷을 뒤져 보다가 언뜻 본 것 같기도 한데. 그리고 어제 인터넷을 뒤져 보면서 알아낸 게 하나 있었는데, 배정도 프로게이머도 MSMT YD팀 소속이었다. 최근에 YD팀은 '원맨 팀'이라고도 불린다는데 그것은 바로 배정도라는 저그 유저 때문이라고 한다. 배정도 프로게이머는 저번 스타 리그에서 준우승했기 때문에 다음 스타 리그에는 시드권이 주어져서 듀얼 토너먼트를 거치지 않고도 스타 리그에 계속 참가가 가능하다.

"YD팀은 인원수 부족으로 프로 리그에도 참가를 못 하고 있다고 전에 제게 말하지 않았습니까. 주변에 신경 쓸 게 아니라 우선은 팀원 모집이 가장 시급하다고 생각하는데…."

그러고는 "저를 써 보는 건 어떻습니까?" 하고 덧붙여 말하려다가 그만뒀다. 아무리 이도재 씨랑 농담 따먹기를 잘한다고 해도 이건 할 말이 못 되지. 이도재 씨는 내 말에 조금 고심하는 것 같더니 아무것도 아니라는 듯이 대답했다.

"사실 내가 사람을 잘 가리는 편이라 말이야. 오래전부터 타고난 성격이기도 하지, 하하하."
"그래도 팀인데 얼른 팀원을 모집해서 프로 리그 정도는 참가할 수 있어야 하지 않을까요."
"걱정하지 말도록, 최근 들어 열심히 숨은 인재를 모색하고 있으니까."
"그저께부터 저와 PC방에서 놀기만 하지 않았습니까?"
"……."

이도재 씨는 또다시 생각에 잠겼다. 아마도 내일부터는 열심히 팀을 위해 일해야겠다는 다짐이겠지. 이도재 씨의 또 다른 고민은 2군에서 1군으로 축출할 멤버를 정하는 것이다. 그것은 팀 내 대회를 통해 결정하겠다는데, 내가 관여

할 부분은 아닌 것 같지만 나는 생각보다 자세히 이도재 씨에게 들었다.

나는 이에 여러 답변을 했다.

"그러면 강초원도 팀 내 대회에 참가하겠네요?"

"아아, 그렇지."

"강초원이 얼마나 센지는 알고 계시죠? 1명만 뽑는 것이라면 보나 마나 강초원이 뽑힐 것 같은데…."

"강초원의 강함을 잘 알고 있군. 최육항?"

"그야 당연히 알죠. 강성진과 붙는 것을 직접 본 적도 있고요."

"흐음, 그래. 맞아. 강초원은 굉장해. 왜 지금껏 준프로게이머로서 대회에 나오지 않았나 싶을 정도야. 그나저나 최육항, 혹시 강초원과 아는 사이인가?"

"… 강초원이 저에 대해서 말하던가요?"

"오호… 그렇게 말하는 거 보니 진짜 아는 사이인 것 같군, 하하하하."

이런 걸 유도신문이라고 하는 건가, 슬슬 열이 받는군. 우리는 강초원에 관해 여러 얘기를 나누기 위해 바깥에 나와서 패스트푸드점을 물색하여 들어갔다. 이도재 씨가 나보고 햄버거 가게 메뉴 중 아무거나 골라 보라는 것이었다. 이도재 씨가 평소에는 돈을 잘 아끼더니 오늘은 내게 조금 다른 면모를 보여주는군.

"제가 가장 좋아하는 불고기 버거, 그리고…."

"콜라겠군. 매일 콜라 같은 음료수를 자주 마시는 편이잖나, 하하하."

"잘 아시는군요. 하지만 이왕 먹는 거니 세트로 시키겠습니다."

"… 뭐, 그래. 콜라가 있어야 음식이 입에 들어갈 테니."

"꼭 그런 것만도 아니에요. 포테이토가 얼마나 맛있는데요. 한번 드셔 보세요."

"천천히 먹도록 하지. 최육항, 나한테 메뉴 추천 좀 해 주도록."

"치즈버거 어떠세요? 맛이 깔끔하고 좋은데."

"흐음, 최육항이 추천해 주는 거라면 맛이 없진 않겠지."

"저만 믿으시라고요. 의심하지 말고."

이도재 씨는 카운터에 주문을 한 뒤 내가 맡아 둔 자리에 뒤따라와서 앉았다. 말 그대로 패스트푸드점이라 햄버거는 정말 일찍 나왔다. 빨리 먹을 수 있는 건 좋은데 햄버거는 살찌기 너무 좋은 음식이라 가급적 자제하고 싶다. 그런데 요즘 들어 자주 먹게 되는군. 이도재 씨가 감자튀김을 먹어 가며 내뱉는 말은 햄버거를 먹는 나를 도저히 가만두지 않았다.

"강초원은 예전부터 준프로게이머로 이름을 날려 온 프로토스였지. 1~2주 전에 최원석 군이 내게 추천해 준 사람들이 있었는데 강초원은 그중 한 명이었다. 당시 강초원에 대해서는 그냥 소문으로만 어느 정도 들어 봤는데, 최근에 테스트 게임을 해 보니까 그제야 실감하게 됐지. 강초원의 실력은 정말 상상을 초월하더군…. 그래서 나는 바로 YD팀으로 끌어들였지."

"한마디로 땡잡았다는 거군요."

"그나저나, 최육항 너도 강초원을 알고 있다니 의외로군."

"저도 강초원과 게임을 한 판 해 본 적이 있어서 압니다."

"오호, 그래? 강초원 꽤 잘하지?"

"뭐, 그렇죠. 실력 외에는 어떤가요?"

"인성도 훌륭하더군. 실력이 뛰어난데도 불구하고 예의범절을 준수하고. 완전히 모범생 스타일이야. 이런 인재를 연습생으로 끌어들인 건 정말이지 신의 한 수였다. 최육항, 너도 그런 생각 들지 않나?"

"강초원이 준프로게이머이고 실력도 대단하니, 뭐… 부럽네요."

"부럽다… 라…. 많은 의미를 갖고 있는 말이로군. 최육항, 너도 프로게이머가 되고 싶은 건 잘 알고 있다. 하지만 지금 너의 실력은 아마추어 실력대야. 아직 준프로게이머가 되기도 힘든 클래스지. 오히려 강성진이 너보다도 뛰어난데, 강성진부터 잡아야 하지 않겠나?"

"맞는 말씀입니다, 이도재 씨. 저는… 강성진부터 잡아야 합니다. 그 자만하는 녀석부터 때려잡아야 강초원을 따라 구단에 들어갈 수 있겠죠."

"그래. 잘 생각했다. 그게 우선인 거야. 명심해라."

강초원…. 원석이 형이나 강성진과 게임을 할 땐 확실히 무서운 실력이긴 했다. 앞으로 프로게이머로서 어떤 활약을 보일 것인가. 아니면 두각을 나타내지 못한 채 그대로 묻혀 갈 것인가…. 난 앞으로 강초원을 통해 스타 리그의 수준을 짐작해 보겠다. 패스트푸드점을 나온 우리는 슬슬 이별하기로… 응?

"데려다주지, 타라. 잔말 말고."

나는 이도재 씨의 요구에 자연적으로 응할 수밖에 없었고, 스쿠터 뒤쪽에 앉아 신나는 스피드를 체감하여 단독주택 앞까지 도달했다. 난 무슨 놀이공원 기구 탄 느낌에 현기증을 느껴 옆으로 쓰러졌다.

"하아, 하아…."

"하하하하, 뭘 그것 가지고 그러나. 최육항! 자, 그럼 다음에 보자고!"

–

고등부 대회장에서 Zequ로 칭하던 자가 32강을 끝마치자 조용히 바깥에 나왔다. 그는 인도를 걸어가며 핸드폰을 꺼내 들어 예전에 미리 연락처를 등록했던 이에게 전화를 걸었다.

"여보세요."

"예, 최상욱입니다. 본선행 완료했습니다."

"역시 대단하시군요. 믿고 맡기길 잘했다는 생각이 듭니다."

"예, 그러나…."

"그러나?"

"상대 일행에게 우리 작전이 발각되었습니다. Shadow의 귀에까지 들어갔는지는 잘 모르겠습니다만."

"하아, 그렇습니까…. 어쨌든 본선 진출은 하셨으니까 계약한 돈은 드리겠습니다."

"감사합니다."

"다음 목표는 결승 진출입니다. 큰 탈 없이 마무리해 주시길 바랍니다."

"알겠습니다. 저, 최천영 님."

"네."

"이길 자신 있으십니까. 그, 전설에게."

"하핫… 이미 이긴 적도 있고 해서 걱정 없습니다."

"이번 고등부 대회 결승전은 세간의 화제가 될 게 뻔합니다. 최천영 님이 Shadow를 무찌른다면 우리 저그에게 실리는 힘이 만만치 않을 것입니다."

"……."

"그러니 부탁드립니다. 최천영 님. 저그의 희망으로서, 전설의 프로토스를 짓밟아 주시길."

"걱정 붙들어 매시고, 결승까지 올라가는 데에나 최선을 다해 주십시오. Nolif 님."

"알겠습니다."

본선 당일 아침, 난 대회장에 가기 전에 김정환과 마지막으로 연습했다. 사실 말을 안 해 왔을 뿐, 나는 개인전 대회에 참가하면서 시간이 날 때마다 김정환과 계속 밀리를 해 왔다. 내가 대회에 참가한다는 것을 알게 된 김정환은 그때부터 날 도와줬다. 그리고 최근에 알게 됐는데, 본선부터는 루나만 쓰이는 게 아니라 네오 포르테, 네오 레퀴엠, 알포인트, 라이드 오브 발키리도 포함된다고 한다. 난 이 정보를 전혀 모르고 있었는데, 원석이 형이 깜빡했다며 어제 내게 알려 줬다.

루나와 알포인트는 어느 정도 해 봐서 알겠는데, 사실 네오 포르테와 네오 레퀴엠, 라이드 오브 발키리의 실전 경험은 없다. 이승재 프로게이머와 배정도 프로게이머의 결승전 덕분에 맵을 어느 정도 본 것은 다행이었다. 나는 어제부터 이 3가지 맵만을 연습했다. 맵마다 플레이하는 게 너무 달라서 연습에 차질이 생길 수도 있었는데, 그래도 내가 천재적인 기질이 있어서 그런지 연습에는 큰 무리가 없었다.

네오 포르테는 중앙 힘 싸움 맵이다. 특이한 점은 본진 미네랄이 앞마당 미네랄보다 훨씬 많다는 거다. 다르게 표현하자면 앞마당 미네랄이 적다고 말할 수 있다. 게다가 본진 크기가 너무 작아서 얼른 앞마당을 확보한 뒤 넓은 땅에 건물을 짓는 게 플레이하기 훨씬 수월하다. 저그전은 앞마당 입구에 포지를 짓고 곧바로 더블넥서스를 하면 나름대로 할 만했다. 그런데 왠지 테란전은 좀 어려웠던 것 같다. 시즈탱크가 너무 세다고 느끼는 맵 중 하나다.

네오 레퀴엠은 본진이 낮은 지형이고 중앙이 언덕 지형이다. 흔히 역언덕형이라고 하는데, 이런 특성으로 인해 본진 수비만 하는 거로는 게임에서 이길 수 없게 됐다. 이 맵에서 가장 할 만했던 건 테란전이었던 것 같다. 테란이 입구를 막으면 입구 위에서 캐논 러쉬를 하거나 사업드래군으로 압박을 가하는 것만으로도 프로토스가 주도권을 잡아갈 수 있었던 것 같다.

라이드 오브 발키리는 지형이 3단으로 구성되어 있어 중앙이 가장 높은 언덕이다. 그래서 무조건 최단 거리로만 전진할 게 아니라 상대보다 더 높은 위치에서 치고 내려오는 게 더 효율적이었다. 지형을 잘 이용하는 게 관건이다. 그런데 이 맵에서 가장 싫어했던 점이 동서 전쟁이 나오기 쉽다는 것이다. 사실 나는 장기전만 가면 높은 확률로 잘 지곤 한다. 그러다 보니 세력이 양쪽으로 갈리는 것을 꺼린다.

"지금 대회 장소에 안 가면 늦겠다. 아침인데도 PC방에 나와 줘서 고마워. 손도 많이 풀었고."
"그거야 상관없는데…. XX, 그나저나 너 너무 잘해졌어. 요즘은 한 판도 못 이기겠더라. XX."

자주 만나서 연습하다 보니 어느새 김정환의 말투가 전보다는 선해졌다. 김정환의 실력이 줄고 있는 건지 내가 늘고 있는 건지는 모르겠지만…. 최근에는 내가 거의 이겼다. 김정환과 실력이 동등했을 때는 나와 처음으로 만났을 때뿐인 것 같다.

"그런데 최승태, 준영이도 본선에 올라갔다고 했었지?"
"… 박준영을 말하는 건가?"
"나 사실 최근에 그 녀석하고도 몇 판 했었는데, 너와 마찬가지로 꽤 강해진 것 같던데? 만나게 되면 조심하는 게 좋을걸. 배틀넷에 들어가면 항상 접속해 있을 정도라니까."

그런데 만날 수나 있을까…. 본선 16강도 어려워 보이는데 말이다. 강성진과는 같은 조에 있긴 하지만, 처음부터 붙는 건 아니니까 만난다면 승자전에서 만나겠지. 이럴 리가 없겠지만, 패자전에서 만난다면 둘 중의 하나는 떨어져야 한다. 그때는 정말로 열심히 해야겠지. 강성진이 상대라고 해서 무조건 졌다고 생각하면 안 되니까. 대회 생각만 하다 보니 어느새 대회장에 도착, 안으로 들어가니 일행들이 기다리고 있었다.

"최승태, 우린 C조야."

강성진이 대진표의 한 부분을 가리켰다. 강성진과 나는 C조에 배치되어 있었다. 나는 그 대진을 바라보며 강성진에게 말했다.

"읽어 보니까 djaaktkfkdgody, Intothesky라는 아이디가 우리와 같은 조네."
"그렇지."
"그런데 djaaktkfkdgody란 아이디는 도대체 뭐지… 한글을 영어 타자로 친 것 같은 이 느낌…."

난 순간 멍해졌다. 해석해 보니 '엄마사랑해요'였다. 강성진의 말대로라면 이 녀석은 초등학생 6학년이라는데, 초중등부 예선을 치고 올라온 16명 중 유일하게 초등학생이라고 한다. 저그 유저라는데 하여튼 난감한 아이다. 게다가 이 녀석이 내 처음 상대다. 아주 약간 골치 아픈 상대로군.

"조심해라, 최승태. 난 이런 말을 함부로 하지 않아. 예전 대회에서 이 녀석을 만났던 적이 있다. 너 정도의 실력이라면 팽팽하거나 네가 패배할 거야."
"아아, 문제없어. 그나저나 강성진이 날 이렇게 걱정해 주다니, 뭐 이런 날도 다 있냐, 하하하."
"… 말해 줘도 못 알아먹다니, 멍청한 녀석."

강성진은 그러고는 어디론가 가 버렸다. 난 이번엔 고등부 대진표를 봤다. A조에 제열이 형과 Zequ가 속해 있고, B조에 원석이 형이 있다. 대기실을 한번 둘러봤는데…. B조에 속해 있던 나머지 3명은 원석이 형을 엄청나게 경계하는 것 같다. 어딜 갔다 왔는지는 모르겠지만, 강성진이 다시 돌아오더니 내게 말했다.

"병관이 형은 결승전을 할 때쯤에 강남에서 올라온댔어. 오늘 점심쯤이 되겠지."

그러고 보니 병관이 형은 안 보이는군. 대회 예선에서 탈락했었으니 굳이 일찍 올 필요는 없었겠지. 그나저나 불쌍한 건 제열이 형이다. Zequ와 처음부터 붙기 때문에 꽤 긴장을 하고 있는 듯하다. 옆에 서 있던 범진이 형이 한심하다는 듯이 말했다.

"바보 인제열 녀석, Zequ 상대로 벌벌 떨 거면 32강전에서 그냥 나한테 졌으면 됐잖아. 전에 Zequ에게 졌던 거 그대로 복수해 주고 싶었는데."

벌써 대회 시작이 임박했다. 초중등부와 고등부의 A조와 B조가 먼저 게임을 치른다. 대기하는 사람들도 대회 관계자의 감시 아래 자유 관전이 가능하다고 한다. 초중등부 D조에 속한 박준영도 C조인 나와 같은 처지라 게임을 관전하려 했다.

"선배, 저와 같이 최원석 님이 게임을 하는 거나 보러 가는 게 어떻습니까?"

나도 사실 그 생각을 하고 있었다. 나와 박준영은 원석이 형이 앉은 자리 뒤쪽에 서서 원석이 형이 게임을 하는 걸 지켜보려 했다. 원석이 형은 게임을 시작하기 전에 내가 뒤에 서 있는 걸 보고 여유만만하게 말했다.

"최승태, 이 스승이 멋지게 플레이하는 것을 지켜봐라. 화려하게 이길 테니까."

"저는 신경 쓰지 말고 열심히 하세요."

"후후, 짜식. 무덤덤하긴!"

그런데 고등부 대회장 문 앞에서 망설이고 있는 사람이 있었으니, 바로 제열이 형이었다. 아까부터 유난히 긴장하더니 이번에는 화장실이 급한 모양이다.

"아, 오줌 마렵네. 에라, 모르겠다. 그냥 참았다가 싸야지!"

그러고는 자기도 지정된 자리에 앉았다. 대회 관계자들이 돌아다니면서 여러모로 상황을 체크하는 듯했다. 덕분에 5분간 지연됐다.

"게임 시작!"

대회 관계자가 외치자마자 각 컴퓨터 채팅창마다 GG와 GL이 난무했다. 한꺼번에 시작해서 그런지 카운트 소리가 꽤 시끄럽다. 원석이 형은 시작하자마자 프로브를 타닥 나눈 뒤 게이트와 코어를 순서대로 올리고 드래군으로 테란 진영에 푸쉬를 가했다. 레퀴엠에서의 드래군 찌르기는 다른 맵에서보다 훨씬 강력하다. 테란은 입구를 내줄 수밖에 없었으며, 1팩으로 앞마당을 먹겠다는 생각을 포기하고 드랍쉽을 뽑아서 견제하려 했다. 하지만 드랍쉽이 가는 경로마다 드래군이 2기씩 배치되어 있었고, 드랍쉽이 이동 경로를 찾기에 급급할 즈음에는 셔틀 리버가 테란의 본진에서 신나게 SCV를 잡고 있었다.

하지만 테란도 반격, 리버를 가까스로 잡아낸 뒤, 앞마당 미네랄 뒤쪽에 탱크 2기를 떨궈서 시즈모드로 소수의 프로브를 잡아냈다. 셔틀에 탄 드래군들로 미네랄 뒤쪽의 탱크들을 쫓아내서 다행히도 앞마당 넥서스만큼은 부서지지 않았다. 원석이 형은 그런 와중에도 타 스타팅 멀티를 시도하며 드래군과 셔틀로 테란을 찌를 것같이 보이면서 빠른 움직임으로 수비 전환을 하여 드랍쉽을 잡아낸 뒤 두 멀티를 활성화했다. 그리고는 캐리어를 순식간에 띄워 버렸다.

테란으로서는 캐리어도 걱정이지만 앞마당조차도 너무 늦었다. 아니… 멀티를 확보했다고는 해도 SCV가 리버에게 잡힌 숫자가 큰 탓에 제대로 활성화시킬 수 없었다. 원석이 형은 테란의 앞마당 뒤편에 템플러를 내려 스톰으로 SCV를 계속해서 갉아먹기 시작했고 테란이 진출할 즈음에는 캐리어와 지상군으로 마무리하였다. 무난한 승리였다.

Ronaldo : GG
Shadow : GG

그런데 원석이 형이 플레이하는 것을 지켜봤던 건 박준영과 나만 있었던 것은 아니었다. 내 옆에 Die 대신 이 대회에 참가했던 그 사람도 원석이 형이 하는 걸 지켜봤었다. 그런데 이 사람은 분명히 제열이 형과 대회 게임을 하고 있어야 정상인데… 설마 제열이 형이 진 건가…. 일찍 끝난 거라면 그럴지도 모르지. 원석이 형이 자리에서 일어나기 전에 그는 어디론가 가고 없었다.

"아, 제길! Zequ에게 무참히 짓밟히다니, 이거 짜증 나네!"

제열이 형은 화장실을 갔다 온 뒤 아까부터 이렇게 탄식만 하고 있었다. 게임 내용을 들어 보니 Zequ는 4드론을 썼다는 것이다. 그로 인해 원사이드하게 무너졌나 보다.

"제열이 형, 어차피 패자전에서 한 번 이기면 최종 진출전까지 가잖아요? 아직 기회가 있으니까 걱정 마세요."

내가 제열이 형을 위로하고 있을 때, 벌써 모든 본선 1, 2차전이 마무리되고

3, 4차전인 승자전과 패자전이 진행되려 했다. 대기실에서 10분간 휴식한 원석이 형은 다시 대회장 안으로 들어갔다. 나도 마찬가지로 뒤따라 들어가서 관전하려 했다.

"선배, 과연 명성대로 최원석 님은 잘하는 것 같군요. 대단합니다."

"나는 그 실력을 너무 많이 지켜봐서 그런지 모르겠지만… 원석이 형이 이기는 건 그저 당연하다고까지 생각되는걸."

"최원석 님은 프로토스 중에선 꽤 상위권에 속해 있으니 말입니다. 가장 유명하기도 하고. 그야말로 전설이죠."

승자전에 속하게 된 원석이 형은 한 명마저 잡아내면서 곧바로 8강으로 직행했다. 이런 말은 하기가 싫지만, 정말로 원석이 형이 이기는 건 당연했다. 너무 강하다. 패자전에 있던 제열이 형도 마찬가지로 승리한 뒤 최종 진출전에 올라갔다. 그런데 어처구니없는 상황이 발생했다. 박준영이 달려와서 내게 소식을 전했다.

"… Zequ가 A조 승자전에서 일부러 상대에게 져 줘서 최종 진출전으로 갔다고?"

"떠도는 소문으로는 그렇다는군요. 대진표도 확인해 보고 선배에게 알려 드리는 겁니다."

… 설마 제열이 형을 노리려고 일부러 떨어진 건가? 제열이 형을 탈락시키고 8강에 올라가 보겠다는 건가? 이게 다 강한 자의 여유인가?

어느 배틀넷 서버에서의 루나 저그 대 저그전이었다. 11시 저그는 Nolif으로 1해처리 뮤탈, 2시 저그는 Die, 2해처리 뮤탈 체제로 앞마당을 확보한 상황이었다. 둘은 15분이 넘도록 뮤탈과 스커지로 치열한 교전을 펼쳤다.

Die가 실수를 낸 것은 분명 있었다. 자신의 스커지들로 무리하게 상대방 뮤탈에게 공격하려 했던 게 아무런 피해를 내질 못했던 것이다. 이에 Die는 좀 더 신중해지기 시작했다. 1해처리에서 뮤탈을 하나씩 뽑던 Nolif이 저력으로 2시 상대방의 앞마당과 본진을 폭격하기 시작했다. 미네랄 캐던 드론이 하나둘 잡히기도 하고, Die의 저글링을 캐치해 내기도 했다.

Die : 여기까지네요

그때, Die의 저글링 6기의 난입이 대세를 좌우했다. 저글링 6기가 11시 본진에 박혀 있던 성큰콜로니 1기를 무시한 채 드론을 3기 이상 잡아내는 성과를 올렸다. 상대로서는 뮤탈 교전 중에 벌어진 일이라 경고 메시지가 뜨지 않아 뒤늦게 눈치 챌 수밖에 없었다. 그 뒤로는 원사이드, Die의 뮤탈이 Nolif의 뮤탈보다 더 많아져서 이리저리 치고 다니며 결국 꼼짝할 수 없게 만들었다.

Nolif : GG
Die : 잠깐 나가지 마세요

GG 선언과 동시에 나온 저 메시지, Die도 이제서야 확신이 선 것일까. 둘은 같은 채널로 모였다. 이 당시 채널에는 그저 둘뿐이었다.

Nolif : 무슨 일이죠?

Die : 실례합니다. 아마추어 고수 Nolif님. 혹시 제 부탁 좀 들어주실 수 있나요?

Nolif : 부탁이라, 돈 되는 거면 다 괜찮은데. 어떠신지요?

Die : 물론 됩니다. 작전은 다 만들어졌는데, 대역이 한 분 필요합니다

Nolif : 그 대역이라 함은?

Die : Nolif님 정도면 개인전 대회 우승할 정도의 경력을 갖고 있는 것으로 알고 있는데요

Nolif : 예, 그렇죠

Die : 그 대회의 결승전까지만 진출해 주시면 됩니다

Nolif : 혹시 결승전 상대와 싸우고 싶은 건가요?

Die : 그렇죠

Nolif : 그런데 왜 직접 대회에 참가하지 않고 대역을 두는 이유는…?

Die : 겁쟁이입니다. 그 결승 상대가 말이죠

Nolif : 겁쟁이라… 누군지 알려 주실 수 있습니까?

Die : Shadow, 최원석입니다. 그는 저와 대결에서 진 이후로 줄곧 대결을 피해 왔습니다. 그러다 이번 대회 참가 소식을 알게 된 저는 꾀를 부리기로 했죠

Nolif : 우리가 위장해서 접근하자는 거군요. 대회에 참가했으니 취소하기도 그렇고

Die : 얘기가 잘 통하시는군요

Nolif : 그럼 아이디는 뭐로 하죠?

Die : Zequ로 해 주십시오. 제가 Zequ, 연정훈의 주민등록번호를 쥐고 있습니다

Nolif : 꽤나 치밀하군요. 대체 어디서 남의 주민등록번호를 알아냅니까?

Die : 후후, 비밀입니다. 자, 그럼 수고해 주시기 바랍니다

‑

　Zequ가 무난하게 2승을 거두고 진출하리라 생각했던 제열이 형은 Zequ가 최종 진출전까지 왔단 사실에 놀라움을 금치 못했다. 이렇게 된 이상 Zequ를 이기지 못한다면 자신의 8강 진출은 수포로 돌아가기 때문이다. 이번 맵은 네오 레퀴엠, 프로토스나 저그나 둘 다 해볼만은 하지만 실력으로 생각한다면 우리 쪽이 어렵다.

　"하여튼 곤란하게 됐군요, 제열이 형. 힘내세요."
　"아, 그래. 고맙다. 꼬마야."

　나는 그런 제열이 형에게 위로의 뜻을 건넸다. 하여튼 제열이 형은 또다시 대회장 안으로 들어가기 시작했다. 원석이 형과 범진이 형이 이어 뒤따라가고, 가만히 대기실에 있는 날 바라본 박준영은 내게 물었다.

　"선배는 구경하러 안 가십니까? 재밌을 텐데 말입니다."
　"사실, Zequ가 이길 게 뻔하잖아?"
　"그렇겠군요. 인제열 님이라 할지라도 Zequ를 따라갈 순 없으니까요. 그나저나 선배, 혹시 Zequ에 대해 여러 가지를 알고 싶진 않습니까?"

　Zequ에 대해…? 사실 들을 이유는 없었지만, 난 예의상 박준영이 하는 말에 귀를 기울이기로 했다. 기회를 잡은 박준영이 신나게 구시렁대기 시작했다.

　"Zequ는 제가 저번에 이승재 프로게이머와 강남에서 한 번 붙었던 사건을 선배에게 알려 줬던 적이 있었을 겁니다. 이 유저는 사실 프로토스 사냥꾼으로 유명합니다. 프로토스전 만큼은 거의 지지 않을 정도로 대단한 온라인 게이머입니다."

"… 하여튼 강하다는 건 알고 있었어."

"이름은 연정훈으로, 어느 고등학교의 2학년인 걸로 알고 있습니다. 이번 대회에 Zequ가 참가한 것이 온라인에서 나름 관심사가 되고 있습니다."

왠지 Zequ가 Die인 것을 알고 있는 나로서는 뭔가 말해 주고 싶었지만, 그냥 계속 듣기만 했다. 웬만한 것들은 다 아는 것들. 그것 중에서는 박준영이 요점 정리를 해 가며 알려 준 정보들도 포함되어 있다. 박준영은 나한테 이 얘기를 한 적이 있다는 사실을 모르고 있는 건가? 박준영은 계속해서 자신이 알고 있는 모든 것을 설명하더니 지친 기색으로,

"머리 아프군요, 좀 쉬겠습니다."

하면서 소파에 옆으로 누워서 낮잠을 자기 시작했다. 공공시설에서 이런 행동을 하는 건 실례이긴 하지만, 대부분 경기를 지켜보러 대회장 안으로 들어갔으니까… 뭐, 상관없으려나.

–

Zequ : Good Luck

Soen : GG GL

최원석과 김범진이 뒤에서 지켜보는 가운데, 인제열은 처음부터 7/9에 파일런을, 8/17에 게이트를 소환하기 시작했다. 이건 분명히 도박적인 빌드오더였다. 하지만 Zequ의 이전 행동을 생각한다면 납득할 만한 빌드오더이기도 했다. 인제열은 게이트를 소환하고 뒤이어 질럿을 하나 누른 뒤, 갑자기 미니맵에 나타난 것을 주시하였다. 프로브의 시야를 통해 비친 네오 레퀴엠 맵의 상징인 십자가 문양, 그리고 그것을 지나쳐 가는 저글링 6기.

'다시 4드론…. 이번엔 안 진다!'

계획대로였다. 인제열으로서는 Zequ가 다시 4드론을 하리라고 어느 정도는 생각했었다. 좀 압박적이지만 그래도 4드론은 질럿이 나오더라도 저글링 6기의 본진 난입이 가능하였다. 인제열은 곧바로 프로브 3기를 동원해 질럿 1기와 합류, 게이트 옆에 있는 파일런을 두드리던 저글링을 쫓아냈다.

하지만 이걸로 끝난 것이 아니므로 문제였다. 네오 레퀴엠에서 우연히 대각선 스타팅이 걸려서 인제열이 좀 더 버틸 수 있었던 것뿐이다. Zequ는 멀티플레이를 통해 한쪽에선 프로브 사냥을, 한쪽에선 파일런을 계속 두들기고 있었다. 인제열은 파일런 하나를 게이트 근처에 더 짓고 추가 질럿으로 계속 저글링을 제거하려 애썼으나, 노력은 허사로 돌아가고 질럿은 하나씩 잡히기 시작했다. 그런데 이때 Zequ의 저글링 움직임은 정말 대단했다. 일명 M 신공이라고도 불리는, 저글링의 질럿을 감싸는 플레이는 절묘하고도 기가 막혔다.

    Soen : GG
    Zequ : GG

                                    ‒

내가 슈퍼마켓에 잠깐 들러 콜라를 사 온 뒤 대기실에서 맛을 음미하고 있을 때쯤, 원석이 형 일행이 나오기 시작했다. 더불어 Zequ도 함께였다. 그는 잠깐 제열이 형 쪽을 보더니 딴 곳으로 가 버렸다. 제열이 형도 Zequ를 전에 한 번 만난 적이 있는지라, 그의 뒷모습을 보더니 화가 난 듯 말했다.

"저 자식, 정말 치사하게도 계속 4드론 쓰네."

이에 옆에 있던 범진이 형이 금세 반론하기 시작했다.

"바보 제열, 그건 네가 못하는 거야."

"닥쳐, 김범진."

"닥쳐란 말이 함부로 나오냐…. 2연속 4드론인데 한 번도 못 막는 네 잘못이지."

"그건….."

"에휴, 처음에 못 막는 건 이해해. 이해한다고."

"아, 닥치라고 좀. 나 화난 거 모르냐?"

"……."

"그래, 맞아. 난 분명히 4드론에 두 번씩이나 졌어. 그런데 그게 뭐 어떻다고? 컨디션 나쁘면 질 수도 있잖아. 안 그래도 아깐 오줌 마려워서 뒤지는 줄 알았다고!"

"… 오줌 마려워서 진 건 인정한다."

"이제 Zequ 상대할 사람은 최원석뿐이네. 분명 결승에서 맞붙는 거였지? 앞으론 우리가 원석이를 응원하자고. 원석이가 우승할 수 있도록."

"드디어 좋은 말 하나 하는구나. 인제열."

"드디어라니? 맨날 나쁜 놈 담당이었다는 듯이 말한다, 너?"

"아, 그러고 보니 나, 병관이한테 세뇌당했지. 인제열은 나쁜 놈이라고."

"하여튼 병관이 그 자식… 못된 것만 전파시킨다니까."

어찌 됐든 원석이 형만이 단독으로 8강 진출에 성공하고, 곧 우리 초중등부 C조 차례. D조인 박준영도 C조와 같은 시간에 시작하기 때문에, 낮잠에서 깬 뒤 곧바로 대회장 안으로 들어갔다. 난 내 옆에서 같이 걷는 강성진에게 화이팅하자는 측면에서 얘기했다.

"강성진, 승자전에서 만나자. 우리 다 같이 높은 곳에 올라가야지! 안 그래?"

"네가 과연 본선에서 한 판이라도 이길 수나 있을까, 한번 잘 생각해 봐."

같이 대회장으로 들어가던 도중 무심결에 꺼낸 내 말에 강성진은 그저 대수

롭지 않게 받아들이고는 곧바로 자기 자리에 앉는다. 역시 성격 한번 냉담한 녀석.

'훗.'

상대방이 내가 만든 방에 들어왔을 때 난 나도 모르게 미소가 나왔다. 드디어 승부구나 싶었다. djaaktkf'kdgody, 일명 '엄마사랑해요'라는 아이디를 가진 초등학생…. 내가 초등학생에게 질 순 없지. 맵은 라이드 오브 발키리, 난 5시였고 저그인 상대는 7시였다. 이 맵은 저그 상대로 더블넥서스를 시도하기에 매우 괜찮다. 난 시작부터 앞마당 입구 쪽에 파일런을 소환, 곧바로 정찰을 시도한 뒤 상대가 12드론 해처리 체제임을 파악하고 곧바로 넥서스부터 소환했다. 그런데 이 녀석, 2해처리에서 일찍 가스를 캐고 있어. 발업 저글링으로 찌른다는 걸까… 아니면 뮤탈이나 러커인가. 우선 무엇을 쓰든 간에 막겠다는 식으로 앞마당 입구 쪽에 캐논 4기를 박아 뒀다.

제길, 이렇게 헷갈릴 줄 알았으면 정찰 간 프로브를 더 오래 살려 뒀어야 했다. 저글링에 너무 일찍 잡혀서 그런지 이제 더 이상 얻을 수 있는 정보가 존재하지 않아. 스타게이트를 건설하고 커세어 1기를 지금 막 생산해서 저그 진영 쪽으로 날려 보낼 때, 갑자기 저쪽에서 뮤탈리스크들이 날아오기 시작했다. 본진은 캐논 2기, 앞마당 뮤탈 대비용 캐논 또한 2기, 커세어는 계속 추가하고 있으니 어떻게든 막을 수 있지 않을까 하는 내 생각은 금방 잘못되었다는 것으로 결말이 맺어졌다. 뮤탈리스크들은 내 본진의 캐논들을 하나하나 강제 일점사를 하고, 뒤따라온 스커지가 내 커세어들만을 노리는 것이었다.

난 커세어를 계속 돌려서 앞마당에 있는 캐논으로 하여금 스커지를 요격하게 하려 했지만, 스커지가 반응이 빨라 곧바로 내 본진에서 활개를 치고 있는 뮤탈리스크들의 곁으로 돌아갔다. 사실 이미 대세는 기울었다. 난 그래도 미련을 못 버려서 캐논 도배에 1시 쪽에 몰래 멀티를 시도했으나 이것마저도 저글링 1기에 걸렸다. 난 결국에는 땡히드라에 캐논들이 다 파괴되면서 엘리 직전까지 놓였다.

  Yukhang : GG
  djaaktkfkdgody : GG

  … 이건 아무것도 못 하고 진 거나 마찬가지로군. 하지만 1패 정도로 대회에서 탈락하는 건 아니니까, 패자전에서 최종 진출전으로의 재기를 노려야 하나…. 그나저나 강성진은 지금 어떻게 됐지? 강성진이 만약 패배한다면 나와 패자전에서 마주치게 되기 때문에 둘 중 하나는 떨어져야 하는 위기가….

  하지만 역시나 강성진인가, 나보다도 먼저 게임이 끝났다. 강성진의 승리였다. 이로써 Zera와 djaaktkfkdgody는 승자전으로, Intothesky와 나는 패자전에서 맞붙게 된다. 강성진은 내가 djaaktkfkdgody에게 패배했다는 소식을 듣더니,

  "역시 너답군."

  이라고 말하면서 도끼눈으로 나를 쳐다보는 것이었다. 가, 갑자기 웬 도끼눈!? 나는 그 경위를 따지고 들었다.

  "뭐야, 그 눈초리는."
  "크흠, 아무것도."
  "… 강성진, 너의 말대로 djaaktkfkdgody는 확실히 강했어. 초등학생이라고 엄청나게 방심했더니, 이런 꼴이 되어버렸잖아. 하하하. 다음부터는 조심해야겠는걸?"

"그래, 네가 질 줄 알고 있었어."

"뭣이!? 너… 너… 말 다 했어?!"

"그래, 인마. 졌으니까 다음엔 반드시 이겨라. 네가 여기서 탈락해 버리면 원석이 형의 체면이 말이 아니게 되니까. 아무리 못해도 넌 원석이 형의 제자잖아? 제자면 제자답게 최소한 결승 정도는 가 줘야지. 내가 한 말 중에 뭐 틀린 게 하나라도 있냐?"

… 모든 게 맞는 말이어서 그런지 대답할 구석이 하나도 없었다. 강성진의 말이 맞다. 맞고말고. 그보다… 으으으, 나보다도 어린 녀석에게 설전에서 짓밟히다니…. 여하튼 나는 패자전에서라도 다시 이겨서 비상해야 한다. 나는 상대방이 초등학생이라고 방심한 탓에 졌다고 생각하는 게 좋을 것 같다. 그렇지 않으면 주눅이 들 수밖에 없다. 힘내자, 최승태. 여기서 지면 끝이다!

–

3차전인 승자전, 강성진은 네오 포르테에서 djaaktkfkdgody와 대결하게 됐다. 강성진과 djaaktkfkagody가 각자 자리에 앉아서 컴퓨터 기동 환경을 체크하기 바빴고, 모든 준비가 끝난 이 순간, 게임이 시작되었다.

'적어도 최승태, 너와 최종 진출전에선 마주치진 않겠다. 너를 위해서라도.'

강성진은 프로토스 10시로, 저그인 djaaktkfkdgody는 2시여서 조금 가까운 편이었다. 강성진도 나와 동일하게 더블넥서스를 시도하고 앞마당 입구를 탄탄히 막기 시작했다. 그런데 나와는 조금 다른 부분이 있다. 저그가 프로토스의 더블넥서스를 확인하고 오히려 멀티를 늘려 가며 배 째는 것을 노린 3질럿 찌르기다. 더블넥서스에다 1게이트에서 천천히 뽑아낸 3질럿이었는데 이런 느린 타이밍에 들어가도 충분히 저그에게 약소하지만, 피해를 줄 순 있었다. 이 3질럿 찌르기는 상대방의 성큰과 저글링 생산을 유도시키기 때문에 매우 효과적인 전략적 플레이다.

아무래도 저그는 러커를 써서 강성진의 입구를 조일 생각인 듯하다. 하지만 강성진은 애초부터 커세어 리버 조합을 생각했다. 우선 앞마당 입구 쪽을 좁히고 있었던 적은 양의 미네랄을 뚫고 나온 리버가 러커를 천천히 제압하기 시작했다. 강성진이 앞마당 입구 바로 앞에 위치한 전진 미네랄 멀티를 확보했을 때는, 저그도 이미 5시의 본진과 그 앞마당을 확보한 상태. 추가로 7시에도 해처리를 펴고 있다. 다크템플러가 드론을 5킬 정도 성공한 것을 제외하면 저그는 무난하게 멀티를 돌리고 있는 것이나 다름없다.

꽤 시간이 흘렀다. 강성진은 11시 쪽 중립 좌측 멀티를 하나 더 확보하면서, 웹 업그레이드가 끝남과 동시에 셔틀 2기, 리버 4기와 함께 출격했다. 드디어 싸움의 시작이었다. 커세어가 정찰용 오버로드를 제압하고 리버 4기가 그대로 7시 쪽 본진 해처리에 내려서 해처리를 공격했다. 그런데 이곳은 아직 해처리가 지어진 지도 얼마 되지 않아서 드론은 하나도 없었고, 강성진은 이쪽에도 멀티를 시도할 생각으로 보인다. 프로토스는 7시 본진의 미네랄 멀티에 그대로 넥서스를 소환한 뒤 캐논을 상당수 짓기 시작했다. 저그가 공격해 오기 까다롭게 말이다.

그런데 갑자기 다크스웜이 나타나더니 히드라 대다수가 공격해 오기 시작했다. 갑자기 웹과 다크스웜이 난무하였고 강성진은 하이템플러의 스톰까지 다크스웜 안에 뿌리면서 히드라의 공세를 막아내기 시작했다. 그런데 저그의 히드라리스크 숫자가 꽤 많았다. 막아도, 막아도 계속 오면서 결국 7시 본진의 미네랄 멀티 방어 라인은 무너지고 말았고, 저그는 6시의 양옆 중립 멀티에 동시다발적으로 해처리를 폈다.

그런데 눈치 못 챈 사이에 프로토스가 저그의 5시 본진 쪽을 리버와 소수 커세어로 견제하고 있었다. 마치 저그의 히드라 공세를 예견하고 있었다는 듯이 몰래 5시 본진으로 들어와서 성큰에 웹을 뿌린 뒤, 리버로 꽤 많은 드론을 잡아냈다. 하지만 그렇다고 해서 강성진의 피해를 무마시킬 정도는 아니라고 생각했는데, 그게 아니었다. 6시 양옆 중립 멀티에도 이미 하이템플러가 떨궈져 있었다. 스톰을 난사하여 드론을 또다시 잡아내기 시작하였다. 도대체 누가 이길지 알 수 없었다.

곧이어 가디언과 디바우러가 등장하고, 곧바로 진격시켜 11시 쪽 중립 좌측 멀티를 파괴하려 했는데 강성진은 도우러 갈 수가 없었던 것이, 커세어가 디바우러에겐 취약할 뿐만 아니라 디바우러 뒤에 있는 스커지 다수가 두려워 사실상 막으러 가는 게 이상할 정도였다. 결국, 강성진은 7시 본진을 확보, 뒤이어 7시 앞마당까지 먹었다. 프로토스가 저그 상대로 자원에서 밀리진 않는 상황, 커세어는 한 부대 반 이상에 캐리어도 슬슬 나오는 중이었다.

저그의 7시 본진 드랍이 조금 성과가 있었지만, 그만큼 많은 타격을 더 받고 말았다. 계속되는 속업 셔틀에 탄 하이템플러의 스톰 공세에 드론은 계속 잡히기 시작했고, 결국 힘을 많이 키운 프로토스의 캐리어, 커세어, 리버 3종 세트의 위력이 가디언과 디바우러를 모두 잡아내고 뒤따라온 히드라까지 몰살시켜 버렸다. 이때 프로토스의 공중 공격 업그레이드는 이미 3업이었고 방업도 1단계 업그레이드 중이었으니…. 정말이지 조금 복잡하게 진행됐을 뿐 결국 강성진이 여유롭게 승리를 가져갔다.

djaaktkfkdgody : GG

Zera : GG

"어떠냐, 최승태. 이게 바로 실력의 차이다. 강함만이 스타크래프트를 지배하는 법…. 별거 없다."

강성진이 멋진 대사 하나 날리며 자리에서 뒤돌아섰다. 그 뒤에는 패자전을 승리로 장식한 내가 있었다. 좋았어! 난 손뼉을 치며 경축하기 바빴다.

"여, 역시 강성진이야! 넌 대단해!"

"이것으로 너와 내가 듀얼 토너먼트에서 만나는 일은 없다. 다 내 덕인 줄 알아라."

"그래, 인마. 너 만세다."

"뭐, 인마? 너 한 대 맞을래?"

승자전에서 이미 승리를 거둬서 8강 진출한 박준영 말고도 내 자리 뒤에서 구경하려던 사람은 다름 아닌 원석이 형이었다. 원석이 형은 뭔가 불만이 쌓여 있는지 오자마자 내게 계속 시끄럽게 떠들었다.

"최승태 이 돼지 녀석, 모처럼 승자전에서 나의 제자들만의 대결을 기대했었는데 말이야. 으휴, 하여튼 패자전이라고 긴장하지 말고 열심히나 해. 여기서 지면 탈락이니까."
"물론 이길 거예요. 저한테 맡겨 주세요, 원석이 형."

난 마우스를 잡았고, 게임은 시작되었다. 맵은 네오 레퀴엠, 난 3시였고 Intothesky는 테란이 주종족이었는데, 마침 내 장기를 선보일 기회가 찾아왔다. 난 프로브 정찰로 상대가 6시 본진에서 서플라이와 배럭으로 입구를 막은 걸 확인하고, 곧바로 상대방 입구 언덕 위에 파일런을 건설했다. 1게이트 1포지는 본진에서 건설한 뒤 질럿과 더불어 캐논 러쉬를 할 작정이었다.

상대가 눈치를 쉽게 채 버려서 내 캐논 하나가 건설되다가 SCV한테 취소되긴 했지만, 다른 하나가 곧 완성되려는 데다가, 질럿과 프로브가 SCV의 행동을 방해했기 때문에 결국 테란의 입구 서플라이는 파괴되고 배럭은 띄워질 수밖에 없었다. 하지만 여기서 끝이 아니다. 테란이 캐논 러쉬를 막으려고 일꾼을 동원하느라 자원 채취를 많이는 못 했다고는 하지만, 테란은 시즈탱크만 보유하면 상대방 언덕에 지은 캐논을 쉽게 뚫고 언덕 위로 올라올 수 있기 때문이다.

캐논 러쉬 이후 나는 드래군 보유와 동시에 앞마당에 넥서스를 지었는데, 마침 적절하게도 내 앞마당 미네랄 뒤에 테란의 드랍쉽이 당도하여 탱크 2기를 떨궈 시즈모드를 통해 내 앞마당 넥서스를 공략하는 것이었다. 레퀴엠은 특이하게도 앞마당 미네랄 뒤로는 저글링 외에는 지나갈 수가 없어서, 셔틀이나 드랍쉽같은 유닛이 없으면 넘어가질 못하는데, 지금 상황이 딱 그거였다. 이땐 로보틱스가 완성되지도 않아 셔틀을 뽑아낼 여유조차도 없었고, 난 그때부터 테란의 페이스에 말리기 시작했다. 우선 내 본진 3시와 그나마 가까운 스타팅 멀티인 12시 스타팅 멀티 확보를 시도하고 드래군을 절반으로 갈라 두었다.

난 셔틀을 생략하고 옵저버를 1기 먼저 뽑는 걸 선택했는데, 12시 스타팅 멀티가 완성되기까지 초조하기만 했다. 그때였다. 내가 12시 스타팅 멀티를 먹으려는 걸 테란이 SCV 정찰로 확인하자마자 탱크 다수가 전진해 나가는 것이었다. 숫자는 5기 이상, 거기에다 SCV도 다수 동원이었다. 내 본진과 멀티 중에 어디로 올지는 짐작도 안 가는 데다 게이트에서 드래군을 뽑는 것 외에는 할 것도 없었다. 난 패배를 직감했다.

테란의 공격은 네오 레퀴엠 중앙에 있는 십자가를 지나 내 본진 3시로 향했다. 이에 나는 12시에 있던 드래군 부대를 3시 앞마당으로 소환하였다. 하지만 그 드래군 부대가 오는 동안 시간이 걸린다는 것이 문제였다. 먼저 대비하고 있었던 드래군들이 탱크의 퉁퉁포에 의해 하나씩 잡혀 나가면서 뒤로 빠졌고, 내 앞마당까지 도달한 테란의 탱크 부대는 시즈모드로 전환, 내 드래군 부대가 둘로 나뉘는 상황이 발생한 것이다.

하아, 이걸 어쩌지…. 셔틀이 나오긴 했지만 질럿이 있는 것도 아니다. 셔틀은 단지 내 앞마당 미네랄 뒤쪽의 탱크를 잡기 위해서 뽑았던 것뿐으로, 이렇게 탱크가 치고 나올 때 사용할 수단이 아니었다. 결국 3시 앞마당 넥서스는 파괴되었고, 3시 쪽에 진을 치고 있었던 드래군 병력들은 본진으로 내려갔다. 상대방 병력은 이번엔 내 12시 스타팅 멀티로 향했다. 이번 타겟은 반격을 나왔던 12시 쪽 드래군 부대들이다. 왔다 갔다 수법에 나는 속수무책으로 당하고 말았고, 결국, 12시 타스타팅 넥서스는 파괴되었다.

GG를 칠까? 그런 생각이 자꾸만 들었다. 처음에만 신났지, 그 이후엔 계속 당하기만 했다. 아무리 저항한다 해도 더는 이길 수 없을 것 같은데…. 원석이 형에게 너무나도 미안하다. 원석이 형의 제자면서 이런 성적으로 마무리를 짓다니… 그런데 그 순간이었다.

"이 자식이, 하라는 공부는 안 하고!"

갑자기 난데없이 이 대사와 함께 어디선가에서 찰싹하는 소리가 들렸다. 난 잠시 상황을 확인하기 위해 자리에서 일어났다. 내 반대편 자리에서 나와 대결하고 있어야 할 Intothesky라는 유저는 이미 자리에 없었고, 고등부 대회장 문 앞에서는 부모로 보이는 한 사람이 강제로 어떤 학생을 끌고 나가는 장면이 내 눈에 목격되었다. 그렇다, 게임으로 제대로 이긴 건 아니지만, 어찌 됐든 내 승리였다.

"풉!"

내가 카운터에서 대회 결과를 보고하러 가려는데, 내 자리 뒤에 있었던 원석이 형이 신나게 웃어대고 있었다. 박준영 또한 나의 엄청난 운에 놀라워하며 마음속에 담아둔 감정을 내게 표출하였다.

"역시 승태 선배군요. 다시 보게 됐습니다."
"후우. 나, 지는 줄 알았다니까."
"대회에는 여러 가지 변수가 존재합니다. 실력이 강한 사람만 진출하는 대회가 아니라는 뜻입니다. 어찌 됐든 간에 승태 선배, 최종 진출전으로의 진출을 축하드립니다."

대회에서는 운도 따라 줘야만 살아남을 수 있다는 것을 이번을 계기로 알게 되었다. 어찌 됐든 나는 최종 진출전으로 가게 되었고 그곳에는 당연히 승자전에서 패배한 djaaktkfkdgody가 기다리고 있었다. 나는 별로 쉬지도 못하고 또다시 대회 자리에 앉게 되었다. 이번엔 내 뒤에서 구경하는 사람이 하나도 없네⋯. 원석이 형 일행들은 다 오락실에서 놀고 있으려나⋯. 왠지 모르게 허전하군. 나는 이 최종 진출전에서 이겨야만 한다. 반드시 이겨야만 한다!

–

이때, 고등학생으로 보이는 체격의 청년, Die가 사복 차림으로 에어컨이 빵빵한 지하철에 탑승했고, 빈자리를 찾아서 앉았다. 그는 전화벨이 울렸기에 핸드폰을 꺼내 들었고, 누가 자신에게 전화를 걸었는지 확인하였는데, 그 통화 상대는 다름 아닌 Nolif였다. Die가 진지한 투로 묻기 시작했다.

"Nolif 님. 어떻게 됐습니까?"
"8강 진출 성공입니다."
"하핫, 역시 Nolif 님답군요. 믿음직스럽습니다."
"계좌 이체 건은 어떻게 됐습니까?"
"제가 지금 지하철에 탔는데, 내리고 곧바로 ATM 기기에 들러서 계좌 이체 하도록 하겠습니다."
"지하철이라니⋯. 설마 여기로 오실 겁니까?"
"Shadow가 너무 보고 싶어서 말이에요. 아, 걱정 마세요. 대회 결승까지 부탁드리는 건 그대로니까."

그는 왠지 모르게 웃음이 흘러나왔다. 앞으로 있을 일들이 기대가 돼서 그런 것인지는 모르겠지만. 그는 핸드폰에 연결된 이어폰을 이용해 음악을 들어가며 대회장까지 가는 체감 시간을 단축시키려 들었다. 어찌 됐든 Die의 개입으로 인해 사건은 혼돈의 도가니로 빠지려 한다.

'… 이거 운이 너무 좋은 거 아닌가?'

  난 알포인트 맵에서 djaaktkfkdgody를 상대로 본진에서 2게이트를 올려 하드코어 질럿 러쉬를 감행하려 했다. 이왕 감행하는 거 프로브도 동원하면 재밌겠다 싶어서 프로브를 3기 이상 동원했는데, 상대가 내 프로브 숫자를 보고 아주 약간 긴장을 해 버린 것인지, 갑자기 에그 3기를 모두 취소해 버렸다. 저글링을 눌렀어야 했는데 드론을 누르고 만 것인지…. 확실하게는 잘 모르겠지만, 하여튼 손쉽게 저그의 앞마당을 부수고 곧바로 본진으로 올라갔다. 저그의 본진에는 성큰콜로니 1기와 소수 저글링이 포진되어 있었다.

  나는 성큰콜로니의 영역이 안 닿는 곳을 집중 공략했다. 드론을 잡다가 빠지고 하는 식으로 나오니 저그 유저 입장으로선 꽤나 골치 아플 것이다. 나는 충원된 질럿들과 함께 정면으로 공격하기 시작했다. 드론들이 성큰콜로니를 감쌌으나 그 정도로는 내 질럿들을 막아내기 벅차다. 질럿으로는 성큰콜로니를 때리지 못해서 드론을 일점사하는 식으로 플레이하니 저그 쪽의 손해만 줄곧 누적이 됐다. 이대로라면 내 승리로군! djaaktkfkdgody도 별거 아니잖아?! 그때 어떤 메시지가 떴다.

  djaaktkfkdgody : 아 이거
  djaaktkfkdgody : 님
  djaaktkfkdgody : 님아
  Yukhang : 네
  djaaktkfkdgody : 저 사실 실수했어요
  djaaktkfkdgody : 제발 다시 하면 안 되죠?
  Yukhang : 응, 싫어

djaaktkfkdgody : 아 XX XXX 꺼져

Yukhang : 뭐 이 자식아? 지금 여기가 대회장인 거 모르냐?

djaaktkfkdgody : 헐!

Yukhang : 현피 뜰까? 초등학생 주제에 개념이 없네

djaaktkfkdgody : 형 제발 봐주세요, 다신 안 그럴게요

Yukhang : 이미 엎질러진 물이다

djaaktkfkdgody : 아 제발요

Yukhang : 닥쳐

djaaktkfkdgody has left the game.

이 녀석은 이게 오프라인 게임이라는 걸 깜빡하고 있었나 보다. 난 적절한 폭력 행사로 사과를 받아낸 뒤 대회 결과를 보고하자마자 오락실로 왔다.

"강성진. 나, 이기고 돌아왔어."

퍼즐 게임을 하고 있는 강성진 옆에서 난 그렇게 말했다. 그런데 강성진은 내가 이긴 거에 관심이 없는 것인지, 게임을 하는 중이라 들리지 않는 것인지, 아무 반응도 없다. 난 툭툭 건들면서 말했다.

"나, 이기고 왔다니까."

"시끄러워, 방해된다고."

그 말이 끝나자마자 강성진은 Game Over를 당했다. 강성진은 자리에서 일어나더니 내게 화를 내기 시작했다.

"다 네 녀석 때문에 진 거라고, 알겠어?"

그러고는 그냥 바깥으로 나가버렸다···. 난감한 녀석. 그나저나 원석이 형은 어디로 간 거지? 범진이 형이나 제열이 형에게 물어보니 자신들도 모른다는 것이다. 분명히 아까 전까지만 해도 대전 격투 게임을 하고 있었다고 하는데, 어디로 간 걸까?

—

최원석은 사람들이 북적한 길거리에 나와 있었다. 최원석의 시선 가운데에서 어떤 자가 걸어오고 있었다. 최원석은 그를 알고 있었고, 그가 먼저 말을 꺼냈다.

"오랜만이군, 정확히 3개월 만이지만."

원석이 형도 그를 모르는 것 같지 않았다. 오히려 약간의 미소를 지으며 말했다.

"최천영, 네가 직접 이렇게 올 줄 알고 있었지만, 나도 사실 기다리기 귀찮았단 말이야. 왜 이렇게 늦은 거야?"
"호오···."
"굳이 3개월씩이나 이렇게 간격을 두다니···. Zequ를 방패 삼아 내게 접근해온 건 너무 허술했어. 그냥 조용히 게임만 하고 싶었던 생각이었던 것 같은데 말이야."
"정말로 그뿐인 걸까? 최원석."
"뭐, 또 하나가 있다면 프로토스 대 저그, 누가 이기느냐 싸움이겠지."
"역시 잘 아는군."

그는 손에 들고 있었던 캔 커피를 다 마신 뒤 말을 이어나갔다.

"일부러 3개월이란 시간을 뒀던 건데 말이지. 흐흐… 어쨌든 결승에서 보도록 하자. 프로토스의 전설 Shadow."
"피하지는 않겠다. Die."

–

원석이 형은 뒤돌아서서 대회장에 먼저 들어갔고, 최천영이 뒤따라 들어갔다. 그 당시 원석이 형과 동행하고 있는 최천영이 Die일 거란 생각은 전혀 못 하고 있었던 나였기에, 난 표정 관리를 못 하고 있는 원석이 형을 보며 말했다.

"무슨 일이라도 있었나요?"
"아, 아니…. 그나저나 최승태 너… 대진을 보니까 결국은 또 진출했네."
"원석이 형의 제자니까요."

난 원석이 형을 향해 활짝 웃었다. 원석이 형도 크게 미소를 지어줬다.

"그리고, 주인공이니까요."

강초원의 숙소 생활

-

　내가 개인전 대회 본선에 진출하여 한창 실력으로 이름을 날리고 있을 때,
강초원은 연습생이 된 뒤 처음으로 이른 아침에 YD팀 숙소로 찾아갔다. 이도
재는 마치 왕자를 모시듯 정중하게 마중까지 나와 줬다. 이윽고 YD팀 숙소인
단독주택 정문 앞까지 도착했다.

　"강초원, 여기가 YD팀 숙소다."
　"아, 네."

　강초원은 호기심에 가득한 눈빛을 지닌 채 먼저 신발장에서 신발을 벗고 안
으로 들어갔다. 사실상 강초원에게는 말로만 듣던 프로게임단 숙소여서 그런
지, 눈앞에 펼쳐진 장관에 놀라움을 금치 못했다. 일자로 나열된 컴퓨터들과
쌓여 있는 컵라면들…. 이도재가 뒤따라 들어오며 말했다.

　"… 뭔가 궁금한 거라도 있나, 강초원?"
　"아, 아뇨. 그냥… 약간 놀랐어요."
　"음?"
　"이런 환경 자체가 처음이라서…."
　"하하하하, 뭐 놀랄 만도 하지. 오직 게임만을 연습하기 위한 팀 구단 숙소니
까. 자자, 마음껏 둘러보도록."

　강초원은 여러 군데 더 돌아다니기 시작했다. 생각보다 잘 꾸며진 화장실,
부엌, 그리고 이곳에서 식사를 하게 될 거실을 돌아본 뒤 또 계단을 올라가 2
층도 둘러보기 시작했다.

"감독님, 여긴….""

"2층은 침실들뿐이다. 지금은 다른 녀석들 모두 자고 있으니까 우선은 내려가자고."

그때였다. 어떤 방에서 누군가가 바깥 복도로 나왔는데…. 꽤 큰 키에 마른 체격, 안경을 쓴 전형적인 문학청년의 외모였다. 지금 일어나서 그런지 머리가 꽤 헝클어져 있는 상태의 그는 이도재 옆에 있는 강초원을 보더니 놀란 기색으로 말했다.

"… 응? 도재 형, 이 녀석은?"

"3일 전에 들어온 연습생이다. 내가 얘기 안 해 줬던가?"

"아, 그래? 말을 안 해 주니 모르지."

그는 새로 들어온 신입, 강초원의 기를 죽이려는 듯이 사나운 눈길로 쳐다보았다. 강초원은 갑자기 자기도 모르게 고개를 숙였다.

"아, 안녕하세요. 연습생 강초원입니다. 준프로게이머였다가 지금은 연습생으로 들어왔습니다. 앞으로 잘 부탁드립니다!"

"형이라고 불러."

"… 네? 아, 네."

"그럼 아침 준비나 하러 가 볼까나."

그가 1층으로 내려간 이후, 강초원이 이도재에게 방금 그 사람이 누군지에 대해 물었다. 이도재의 말에 의하면 그는 김유원이라는 프로게이머라고. 아이디는 Shinar를 쓰고, 종족은 프로토스인데 이미 군대를 갔다 왔고 대학생이라고 한다. 아직 학업을 포기 못 하고 있다고 하며, 팀 식사 채비는 그 혼자서 담당한다고 한다.

"그런데 감독님, 저분하고 나이 차이가 별로 안 나시나요? 형이라고 부르던데."

"아아, 그건 말이다, 강초원. 나도 사실 20대다."

"… 네?"

"그냥 흘려들으라고, 하하하하하하하!"

그런데 강초원은 잠시 뒤에 또다시 놀라지 않을 수 없었다. 이도재의 말에 따르면 사실 연습생들은 이 단독주택 내에서 연습하는 것이 아니라, 바로 도보 건너편에 있는 다른 숙소에서 지내야 한다는 것이다. 이도재가 강초원을 데리고 그 숙소에 도착해 보니 환경은 저번보다 더 못했다. 연습생 숙소의 실체가 여지없이 공개되었다.

무려 15명씩이나 좁은 거실 방바닥에서 이불 깔고 자고 있다니, 강초원으로선 나름대로 충격이었다. 강초원이 쇼크를 받고 잠깐 멈칫하고 있을 때 방바닥에서 자고 있던 연습생들이 하나둘씩 일어나고 있었다. 그들은 졸린 눈을 숨기지 못한 채 다들 화장실로 직행했다. 이곳 화장실은 2개였으나 사람 숫자가 그것을 감당하지 못해 화장실마다 줄을 서고 있었으니 참으로 가관이었다.

"앞으로 저도 여기에서 생활해야 합니까?"

"걱정 말도록. 팀 내 대회에서 성적이 좋은 녀석들은 정식 프로게이머로 임명시킬 테니 말이다. 2년씩이나 연습생으로 썩는 녀석들도 없진 않지만."

"… 2년씩이나요?"

"그래, 2년. 말이 2년이지 현재진행형인 녀석들도 있으니까."

"… 대부분 학업을 그만두고 프로게이머가 되려고 열심히 노력할 텐데…. 안타깝네요."

"원래 강한 녀석만이 살아남는 거다, 스타 판은."

강초원은 갑자기 YD팀 연습생들의 실력을 알고 싶었다. 전부 아침 식사가 끝나고(컵라면으로 때웠다) 강초원은 이도재로부터 자기 자리를 배정받은 뒤에 곧바로 연습생들과 한 판씩 붙기 시작했다. 그런데… 강초원의 실력은 확실히 YD팀 연습생들과는 차별화된 실력이었다.

이도재는 별로 놀라는 눈치도 없이 그저 지켜보기만 했고, 다른 연습생들은 연습하다 말고 자리에서 일어나 강초원의 경기를 자리 뒤에서 지켜보고 있었다. 강초원의 실력을 본 연습생들은 너나 할 것 없이 강초원에게 대결을 요청했고, 강초원은 계속 받아들였다. 그야말로 강초원의 연승 행진이었다. 강초원에게 지지 않는 자가 없었다. 9연승을 달리던 중 벌써 점심시간이 돌아왔다. 이도재가 강초원을 따로 불러 말했다.

"아무래도 너는 날 실망시키지 않는군."
"… 전 그저….."
"3개월 뒤에 연습생들만 따로 모아서 팀 내 대회를 열 거다. 그때 너의 실력을 여지없이 드러내도록. 기대하고 있겠다."

이도재에게 벌써 눈도장을 받았다고 생각하니 강초원도 약간은 긴장되지 않을 수 없었다. 그날부터 강초원은 계속해서 맹연습을 했다. 자기보다 강한 녀석이 갑자기 나타나서 감독에게 눈도장을 받고 있다고 생각하니 다른 연습생들은 기분이 썩 좋을 리 없었다. 그로부터 정확히 3일 뒤였다. 이른 아침부터 혼자 자리에 앉아서 연습하고 있는 강초원…. 이 광경을 지켜본 가장 나이를 많이 먹은 연습생, 황우영이 기분 나쁜 표정을 지으며 숙소 바깥에서 담배를 피우고 있었다. 그때 또 다른 후배 연습생 하나가 와서 물었다.

"어떤 기분 안 좋은 일이라도 생기셨나요?"
"하아… 저 녀석, 너무 꼴사나워."

후배 연습생은 골똘히 생각하다가 자신이 아는 대로 말했다.

"강초원을 말하고 있는 건가요?"

"그래."

"저기, 형. 이건 저만의 생각인데요…. 강초원 저 녀석, 실력 좀 있다고 해서 감독님한테 너무 겸손 떠는 거 같지 않나요?"

"후우, 어떻게든 저 녀석을 한 번이라도 이겨서 골탕이라도 먹이고 싶은데 말이야…."

"다들 어떤 이야기를 하는 중이죠?"

그때, 둘이 바깥에서 이야기하고 있던 걸 엿듣고 있던 한 연습생이 와서 물었다. 황우영은 담배를 길바닥에 버리고는 그에게 다가가 말했다.

"아아, 마침 잘 왔다. 최근에 연습생 된 놈 말이야. 이거 원 짜증이 나서."

"하하하, 다들 저와 같은 생각을 하고 있었네요."

"… 뭐 어떻게 해 볼 수 없을까?"

황우영은 나름대로 그 연습생에게 기대하는 눈치였다. 그 연습생은 주저하지 않고 그들에게 말했다.

"방금 말씀들을 들어보니 그 녀석을 이길 궁리를 하시는 모양인데요."

"그렇지."

"맵핵을 사용하는 겁니다."

너무 당연하게 말하는지라, 그는 다시 물었던 담배를 떨어뜨리지 않을 수 없었다. 그 옆에 있던 후배 연습생도 마찬가지로 크게 놀랐다.

"어이, 아무리 그 녀석을 이겨서 골탕 먹이기 위해서라곤 하지만 프로게이머를 위해 열심히 연습하고 있는 우리들에게 맵핵을 쓰라니 너무한 거 아냐?"

"어차피 한 번뿐이고, 더 이상 사용하지 않으면 되니까요."

"흐음…."

"제 얘기는 끝나지 않았습니다."

이윽고 아침 식사가 찾아왔다. 이번엔 이도재 씨가 직접 연습생 숙소로 찾아와서 특별 서비스라며 짜장면과 탕수육을 시켜 주고는 어디론가 가 버렸다. 다들 컵라면만 먹다가 짜장면을 먹게 돼서 그런지, 불만 없이 맛있게 먹고 있었다. 강초원은 식후에 화장실에서 이를 닦고 있었는데, 갑자기 누군가가 들어왔다. 그는 황우영이었다.

"아, 미안. 있었구나."

"에, 괜찮아요. 볼일을 보고 있었던 것도 아니고."

그는 강초원의 말에 개의치 않고 안으로 들어왔다. 둘이서 이를 닦던 중 그가 옆에 있는 강초원에게 말했다.

"네 녀석, 너무 강해가지고 말이야. 3달 뒤에 열리는 팀 내 대회에서 네 녀석을 이길 자신이 없어졌어. 네 녀석이 YD팀의 연습생이 되기 전까지는 내가 가장 잘하는 편이었다고."

"… 아, 그런가요."

"이틀 전에 너와 한 판 붙었었는데 말이야, 아무것도 못 해 보고 졌지."

"……."

"한 판 더 해볼래?"

"… 네?"

강초원은 거의 떠밀리다시피 자리에 앉게 되었다. 그는 자신의 자리로 돌아가기 전에 비열한 미소를 지으며 말했다.

"네 실력이라면 나 정도는 한 손으로도 충분히 상대할 수 있지 않겠어?"

"… 도대체 무슨 말씀 하시는 거죠? 그냥 단순한 연습 게임이 아니었습니까?"

"일종의 핸디캡일 뿐이야…. 넌 너무 잘하니까. 어때? 실력 차이를 고려하면 이 정도의 핸디캡은 당연한 거 아닌가?"

"이건 무슨…."

강초원은 이런 요구에 대해 할 말을 잃었다. 강초원의 이런 난처한 모습을 지켜보고 있었던 여러 연습생들은 킥킥대고 웃으며 흉보고 있었다.

"아무래도 저 녀석…. 황우영 선배한테 안 좋게 찍혔나 보네, 꼴좋다."

"나도 저 녀석 은근히 맘에 안 들어."

"야야, 저놈에게 들리지 않게 말해."

강초원은 자신을 뒤에서 놀리는 이들을 크게 신경 쓰지는 않았다. 강초원은 자리에서 일어서며 자신에게 이런 굴욕감을 준 황우영에게 큰소리쳤다.

"그렇게까지 저를 이기고 싶었다면 한번 이겨 보십시오. 이 치욕을 돌려주도록 하겠습니다."

–

강초원은 루나에서 전 멀티를 먹은 채 한 손으로 여유 있게 마우스를 조종하며 저그가 앞마당에서 나오기만을 기다리고 있었다. 뒤에서 구경하고 있었던 다른 연습생들은 아무 말도 하지 못한 채 식은땀을 흘리고 있었다. 이미 대세가 기울었건만, 황우영은 손이 떨려서 더 이상의 동작 또한 하지 않고 있었다. 강초원은 수많은 다크아칸으로 모든 러커를 뺏으며 스스로 충격을 받도록 하였다. 그는 자기 자신도 모르게 스스로 GG를 치고 말았다.

Dogbird : GG

Darkness : GG

'액션을 취해 상대의 움직임을 떠봐서 맵핵인 건 알아냈는데… 그냥 묻어둘까.'

강초원은 그렇게 생각하고는 자리에서 일어나 그에게 수고했다는 말을 하려고 했으나, 그는 이미 바깥으로 뛰쳐나가고 없었다. 이른 아침에 그와 상의했었던 다른 두 연습생도 그가 뛰쳐나가는 걸 보고 얼른 뒤쫓아 나갔다. 강초원은 이로써 그가 맵핵을 사용했다는 것을 확신했다.

'… 맵핵을 쓰고도 졌다는 것에 대한 분노일까. 어쨌든 하루빨리 맵핵이란 것 자체가 없어졌으면 좋겠다.'

점심식사 시간이 좀 지나서였다. 한동안 사라졌었던 세 연습생은 다시 나타났다. 강초원은 가볍게 미소를 지으며 그들에게 말했다.

"라면 다 불겠어요, 선배님들."

그를 포함한 세 연습생들은 말없이 그저 무뚝뚝하게 자리에 앉았다. 강초원은 그들이 뭔가 반성하는 것 같은 모습을 보이고 있었지만, 왠지 먼저 다가가고 싶은 마음도 들지 않았다. 강초원은 결심했다.

'여긴 경쟁이 아니라 시기만 가득한 곳이야. 다른 사람들을 위해서라도 얼른 프로게이머가 돼서 이곳을 벗어나는 게 좋겠어. 3달 뒤에 열리는 팀 내 대회… 반드시 우승할 거야.'

–

"Yukhang을 뛰어넘기 위해서입니다."

이도재는 대낮부터 스쿠터를 타고 어디론가 가기 전에, 마중 나온 강초원에게 무심결에 어떤 이유로 프로게이머 연습생이 되고 싶었는지를 물어봤는데, 강초원의 대답은 이도재를 깜짝 놀라게 하였다. 스타 리그를 우승해서 스타크래프트 유저들에게 존경받고 싶다든지, 돈을 벌어서 부모님에게 효도하겠다든지 하는 그런 일반적인 답변과는 거리가 멀었기 때문이다. 이도재는 우선 강초원의 대답에 응했다.

"그 녀석이 너의 목표인 만큼 그렇게도 강한가?"
"예전에 직접 만나서 해 본 적이 있었습니다만… 플레이는 저보다 한 수 위였습니다."

이도재는 생각했다.

'… 설마 최육항 그 녀석인가…. 일부러 내게 실력을 감추고 있는 거라든지 뭐 그런 건가? 최원석 군이 추천했던 이유가 있었던 거야… 최원석 군의 제자인데 그렇게 약할 리가 없었다. 거기에 속아 넘어간 내가 바보였지, 역시 신비주의자로군!'

그러고는 하하하하 웃으면서 스쿠터를 몰고 어디론가 가 버렸다. 아니, 내 시점으로 말하자면 PC방에 일찍 나와 본선에서 살아남기 위한 맹연습을 하고 있던 내게 찾아왔다. 그 뒤의 이야기는 내가 저번에 알려준 바 있다.

　연습생 숙소는 어제나 오늘이나 다를 바 없었다. 다른 연습생들은 옹기종기 모여서 과자를 먹으며 TV나 보고 있을 때, 강초원은 혼자 자리에 앉아서 열심히 연습하고 있었다. 다른 연습생들이 쉬라고 해도 도저히 쉴 기미가 보이지 않았다. 강초원이 쉴 때는 아침 점심 저녁에 밥 먹을 때뿐이었다(그것도 정확히는 컵라면이다). 그야말로 강초원은 연습생들에겐 모범이었다. 하루는 강초원의 친형이 직접 연습생 숙소에 찾아왔다. 강초원은 반갑게 그를 맞아주었다. 그 둘은 번화가를 돌아다니며 평소처럼 우애를 다졌다.

"형, 나는 반드시 프로게이머가 될 거야."

　형과 헤어지기 전에 강초원이 말했다. 그동안 프로게이머가 되겠다는 말에 대해 부정적인 입장이었던 강초원의 형도 슬슬 인정하려는 분위기, 그는 강초원에게 잘해 보라는 말을 한 뒤 발걸음을 옮겼다. 형과 놀러 나갔을 땐 대낮이었는데 어느새 노을이 져 있었고, 강초원이 연습생 숙소 앞에 당도했을 때 마침 이도재도 저 멀리서 스쿠터를 몰고 오고 있었다.

　'확실히 최육항 녀석의 말을 들어볼 때 강초원과 만나서 이미 한 판 한 것 같았다…. 하지만 오늘 팀플을 했을 때 최육항의 실력은 강초원이 말한 것과는 정반대, 도대체 어떻게 된 건가. 실력을 숨긴다는 것 자체가 나로서는 이해가 되지 않는다.'

　스쿠터에서 내린 이도재는 멀뚱히 서서 생각만 하고 한동안 말이 없었다. 왜 갑자기 멍 때리고 있는 것인지 짐작이 안 간 강초원이 먼저 말했다.

"감독님, 무슨 일이라도 있으세요? 멀뚱히 서 계시기만 하고."
"아, 아니. 어제 보다 만 드라마가 생각나서 말이다. 두 남녀가 어떻게 됐을지 궁금하군."
"아, 아하하…. 감독님도 참… 재밌으시네요, 정말."

"하하하하하, 내가 그런 말은 너무 많이 들어서 말이다."

"감독님, 식사는 하셨나요?"

"뭐, 그렇지. 강초원, 너는?"

"저는 친형이 찾아와서 번화가에 잠깐 외출하고 왔습니다. 즐거운 시간을 가졌어요."

"그래, 다행이로군."

강초원은 이도재와 짤막한 얘기를 나누고는 연습생 숙소로 먼저 들어갔다. 그 뒤는 또 말할 것도 없었다. 무조건 연습이었다. 새벽 2시가 되어서야 잠자리에 들었다. 강초원은 꿈을 잘 안 꾸는 편이었는데 최근 들어 꿈을 자주 꾸게 되었다. 꿈속에서 최승태가 높은 위치에서 편안한 의자에 앉은 채 나타나 최원석의 시원한 어깨 안마를 받으며 강초원을 비웃어 주는 꿈이었다. 덕분에 강초원은 자다가 오전 6시쯤에 일어나고 말았다. 강초원은 어이없어했다. 이왕 일어난 거 기지개를 켜고 잠자리를 정리하였다. 그러고는 화장실로 들어가 이를 닦던 중에 생각했다.

'날 한 번 이겼다고 자만하는 그 녀석의 콧대를 꺾기 위해… 계속 연습하겠어.'

이를 다 닦은 뒤 입안을 헹구기 위해 수도꼭지의 손잡이를 돌렸는데, 이상하게도 수돗물이 안 나오는 것이었다. 강초원은 크게 당황하였다. 냉장고에 생수가 조금이나마 있어서 망정이지 하마터면 낭패를 볼 뻔했다. 강초원은 급하게 옷을 갈아입고 곧바로 YD팀 프로게이머 숙소로 달려가서 일찍 일어나있는 이도재에게 어떻게 된 건지 사정을 물어봤으나 이도재도 잘 모르는 눈치였다. 이도재가 말했다.

"아무래도 이 동네 근처에서 수도 공사를 하나 보군. 걱정하지 말아라, 이미 문준휘와 김건후를 깨워서 산에서 약수를 받아 오라고 보냈으니 말이다."

참고로 이도재가 언급한 두 사람은 이미 프로게이머였다. 강초원이 물었다.

"두 명이서 약수를 떠 온다니, 인원이 20명인 걸 감안하면 물이 부족하지 않나요?"

"왔다 갔다 노가다를 시키면 되니 걱정 말도록."

강초원은 아무래도 걱정이 되는 모양이었다. 신발을 신고 약수터로 찾아갔다. 그곳에는 프로게이머로 추정되는 두 사람이 2개의 약수통에다 물을 받고 있었는데, 아무래도 힘에 부쳐서 그런지 서로 약수통을 제대로 들지 못하고 있었다. 강초원은 자신이 보기에 그 둘은 자신보다 나이가 적은 것 같단 생각이 들긴 했지만, 이미 몸에 밴 게 존댓말이라 다가가서 정중하게 말했다.

"저기, 제가 들어 드리겠습니다."

"엥, 누구?"

문준휘라고 불리는 자가 물음표를 띄우며 말했다.

"아, 저는 YD팀 연습생입니다. 두 분이 20명분의 물을 계속 운반해 오는 게 힘드실 것 같아서 도와 드리러 왔어요. 전 걱정하지 마세요."

강초원의 말이 끝났을 때쯤에 김건후가 옆에서 이미 알고 있었다는 듯이 말했다.

"나, 이 형 알아. 감독님이 말한 적 있잖아? 연습생 중에서 가장 잘한다는 그 강초원이란 형 말이야."

"그래서 뭐 어쩌라고. 낙타 주제에 아는 척하기는."

"이제 그 별명으로 놀리는 것도 그만둘 때가 됐잖아. 너굴 주제에."

둘이서 시끄럽게 떠들고 있을 때 강초원은 이미 약수통 하나를 힘겹게 들고 저 멀리 가고 있었다. 문준휘가 말했다.

"어쨌든 저 형이 약수통 하나 들고 가니까 우린 이거 하나나 같이 들자고."

그런데 이 둘은 참으로 귀찮음이 심각했다. 계속 가다가 멈추고를 반복했다. 하여튼 그렇게 해서 아슬아슬하게 생수를 상당히 확보, 아침 생수 대란이 마무리되었다. 강초원의 이러한 능동적인 움직임으로 인해 MSMT YD팀 연습생 중에 제대로 낙인찍혔다. 점점 평가가 좋아지니 강초원으로서는 손해 볼 것이 없다. 연습생 중에서는 강초원을 시기하는 황우영파가 있었지만, 절대 미소년 강초원을 옹호하는 강초원파도 생겨났다. 참 재밌는 전개임이 틀림없다.

황우영파는 대부분 연습을 안 하는 녀석들이 가입되어 있으며, 과자와 TV를 점령했다는 것이 그들의 장점이다. 이에 비해 강초원파는 무조건 연습을 지향한다. 연습생이 된 뒤로 맨날 연습만 하는 강초원의 오오라가 주변에까지 미치기 때문에 그런 듯싶다. 이렇게 되니 3개월 뒤의 팀 내 대회에서 누가 프로게이머로 뽑힐지는 뻔할 뻔 자다.

Dogbird : GG
Darkness : GG

강초원과 황우영의 친선 경기가 또다시 마무리되었다. 이번에는 맵핵도 사용하지 않고 강초원이 두 팔 두 손을 다 쓸 수 있는 경기였다. 강초원의 하이템플러가 히드라 러커에게 스톰을 날려 가면서 진형이 흐트러짐을 막으니, 황우영이 아무리 열심히 해도 여간 빈틈이 보이질 않았다. 강초원은 그야말로 완벽에 가까울 정도의 운영을 펼쳤다. 이번에도 여지없이 강초원의 승리, 황우영파의 기세가 뚝 떨어지기 바빴다. 강초원파의 응원 세례가 뒤이었다.

"역시 강초원파! 우리들의 승리야!"
"강초원! 강초원!"
"이대로라면 팀 내 대회 우승자는 우리 쪽에서 나온다!"
"강초원! 강초원!"

강초원이 자리에서 일어나 황우영 측 자리로 움직였다. 황우영파는 위축되어 옆으로 빠지고, 황우영만이 자리에서 꼼짝하지 않고 있었다. 강초원이 말했다.

"우영 선배, 수고 많으셨어요."

이겼는데도 불구하고 예의를 차리는 모습에 황우영이 그를 주목한다. 분명 황우영은 아까까지만 해도 분노에 가득 차 있는 상태였다. 라이벌 격인 상대에게 속절없이 졌기 때문이다. 하지만 강초원은 자신과는 달랐다. 황우영은 그가 보여 주는 친절함에 감탄을 표했다.

"… 내가 졌다."

그리고 뒤따르는 황우영파의 체념,

"우영 선배! 흐흐흑…."
"이건 꿈이야, 꿈이라고!"
"우영 선배, 다음엔 이기시리라 믿습니다. 힘내세요!"
"우영 선배, 화이팅!"

아주 훈훈한 장면들이 속출되었고, 이 장면은 마무리된다.

–

"감독님, 그건 뭐예요?"
"너에게 주는 선물이다."

  실력이 특출 난 강초원을 좀 더 잘 키우고 싶은 생각이 든 것인지, 이도재는
연습생이 된 지 얼마 되지 않은 강초원과 자주 외식을 하러 나가거나, 심지어
는 번화가로 데리고 가서 입을 옷도 몇 벌 사 주었다. 그런데 강초원은 왠지 기
뻐하는 기색이 별로 없었는데, 이를 인식한 이도재는 어느 날, 강초원을 위해
새로 마우스와 키보드까지 선물하였다. 당시 이 마우스와 키보드는 완전 최신
식이었다. 스타크래프트를 하기엔 단연 최적이었다. 이에 강초원이 감사의 뜻
을 내비쳤다.

"감사합니다, 감독님! 정말로 감사합니다!"
"평소에는 뭘 사 줘도 그렇게 좋아하지 않더니 참 특이하군. 하하하하."
"그야 감독님이 주신 이 마우스와 키보드만 있으면 Yukhang에게 달려가서
단숨에 해치울 수 있지 않겠습니까!"

  어디선가 많이 본 장면이지만 그건 그렇다 치고, 강초원은 기뻐 어쩔 줄 몰
라서 실컷 날뛰기 시작했다. 정말로 기뻤던 모양이었다. 그보다 이도재는 강
초원이 계속 최승태에게 집착하는 것에 대해 다시 한번 의문을 품었으나 그냥
넘어가기로 했다. 그리고 다음 날, 새벽까지 연습했던 강초원이 오늘따라 늦잠
을 자게 되었는데, 갑자기 연습생 숙소에 낯익은 얼굴을 가진 자가 들어와 강
초원을 깨우며 말했다.

"너 오늘 청소 당번이잖아?"

강초원이 졸린 눈을 비비며 일어나 앞을 바라보니, MSMT YD팀의 김유원 프로게이머였다. MSMT YD팀의 실세인 그가 직접 찾아오다니…. 강초원은 화들짝 놀라 얼른 일어났다.

"아, 죄송합니다! 제가 깜빡 늦잠을 자서…. 뭐라 할 말이 없습니다."
"뭐, 그렇게까지 죄송할 필요는 없는데 말이지. 그리고 나한테는 편하게 형이라고 부르라고 했잖아?"
"아, 네. 유원이 형."

강초원은 김유원의 뒤를 따라 YD팀 프로게이머들이 묵고 있는 프로게이머 숙소에 도착했다. 김유원이 손가락으로 여러 군데를 가리키며 말했다.

"여기와 저기, 그리고 컴퓨터 공간 뒤까지 청소하도록 해. 뭐 내가 말 안 해도 뭘 해야 할지는 잘 알고 있겠지?"
"예, 알겠습니다."
"난 그럼 녀석들 깨우고 있을 테니까 잘해 봐."
"혹시 다른 분들은 지금도 자고 계신가요?"
"배정도나 김준우, 도재 형은 이미 프로 리그 현장으로 갔고, 문준휘나 김건후는 잠을 꽤 오랫동안 자니 말이야. 상당히 골치 아픈 녀석들이지."

참고로 YD팀 소속 프로게이머인 문준휘나 김건후는 둘 다 테란이고, 나이는 강초원이나 나보다 한 살 어린 15살이다. 아이디는 문준휘 Tsuki와 김건후 Protetype. 최근 듀얼 토너먼트에서 둘 다 동시에 탈락하는 등 경험 부족으로 인한 패배를 보이고는 있지만, 이도재의 눈으로는 이 두 녀석이 많은 가능성을 지니고 있는 걸로 보이나 보다.

하여튼 강초원은 우선 쓰레기통에 골인되지 않은 채 방바닥에 너덜너덜하게 떨어져 있던 컵라면들을 다시 집어넣었다. 그리고 우선 진공청소기로 거실부터 정리하려고 하는데, 하필이면 진공청소기가 제대로 작동이 되지 않는 것이다. 그때 마침 김유원이 두 사람을 깨우고 2층으로부터 아래로 내려오고 있었다. 강초원이 그를 보며 말했다.

"유원이 형, 저기 이거… 제대로 작동이 안 되는데요."
"아하, 그거…. 상당히 구형인 데다 고장까지 나서 말이지. 옆에 빗자루하고 쓰레받기 있지 않아?"
"……"

어느새 대걸레 청소까지 끝낸 강초원, 슬슬 2층도 청소를 시작하려고 하는데, 마침내 자기 방을 정리하고 나온 문준휘가 그를 불러 세웠고, 강초원은 의아한 표정을 지었다. 문준휘가 한 곳을 가리키며 말했다.

"2층은 아마 저기 있는 낙타가 대신 청소해 줄 겁니다. 형은 나하고 1층으로 내려가서 스타나 한 판 하죠."
"너굴. 누가 대신해 준다는 거야? 정말 어이없네."

저기 있는(?) 김건후가 상당히 난감하다는 듯한 표정을 짓고 있었는데, 문준휘가 이때 과감히 제안했다.

"2층 청소 대신해 주면 내가 너한테 유희왕 카드 몇 장 나눠 줄게."
"OK."

암묵적인 거래의 현장이 순식간에 펼쳐졌다. 강초원이 문준휘에게 물었다.

"에, 저기…. 그나저나 저하고 스타를 하자니 어떤 의미죠?"

"별거 아닙니다, 초원이 형. 그냥 연습생들 중에서 가장 잘한다니까 해 보고 싶은 거죠."

강초원은 자기 신분이 연습생인데 이곳에서 스타크래프트를 해도 되냐고 묻자, 문준휘는 별 상관없다는 식으로 대충 말했다. 마침 김유원마저도 연습생 숙소로 가고 없었기 때문인 듯도 했다. 그러자 강초원은 안심하며 아무 자리에 골라 앉았다. 맵은 루나였는데, 문준휘는 시작하자마자 자신의 장기를 구사하려고 했다. 마침 2층 청소를 대신 끝내고 내려와서 문준휘의 플레이를 구경하던 김건후가 말했다.

"너굴 놈, 하는 거 보니 또 더럽게 조이기나 하겠군."
"아, 닥쳐 봐, 좀."

이를 엿들은 강초원은 웃음을 지으며 무난하게 2게이트 로보틱스 옵저버 테크트리를 구사하였고, 문준휘는 탱크 5기와 SCV 다수로 처음엔 프로토스의 앞마당 쪽을 잘 조이는 듯싶었으나 셔틀을 동반한 강초원의 공세에 모든 병력이 전멸하고 말았다.

Tsuki : GG

Darkness : GG

김건후의 한마디에 모조리 무너진 테란의 병력들, 이에 문준휘가 짜증을 내며 자리에서 일어나 김건후에게 따지고 들었다.

"아, 낙타 녀석 도대체 뭐냐고! 왜 큰 소리로 말하는데? 알려 주고 한다는 게 말이 되냐?"
"고의는 아니었어, 믿어 줘 너굴아~ 나 2층 청소 다 하고 왔는데 유희왕 카드 줄 거지?"

"알았어, 줄 거니까. 참나… 초원이 형, 다시 하죠."

그렇게 핑계 대며 하기를 3번…. 문준휘의 장기는 조이기였다. 하지만 그러한 사실을 알게 된 강초원이었기에, 문준휘는 승리를 할 수 없게 되었다. 전패한 문준휘는 그때야 강초원의 실력을 확실히 잘 알게 되었다. 물론 뒤에서 구경하던 김건후 또한 마찬가지였다. 이어서 김건후도 강초원과 대결을 펼치는데,

"낙타 또 그런다. 초원이 형, 낙타는 수비만 하고 공격 안 오니까 미리 멀티 많이 먹어 놔요. 그러면 쉽게 이겨요."

"야, 너굴. 네가 이러기냐?"

"네가 그랬으니까 나도 그러는 거잖아. 메롱이다!"

수비를 하다가 공격 나오는 테란은 무섭다. 하지만 수비만 하고 공격을 안 나오는 테란은 쉽다. 강초원은 이런 사실을 잘 알고 있었다. 수많은 멀티를 확보한 뒤 캐리어를 모은 강초원은 테란 본진에 폭격을 가했고, 팩토리가 절반 이상 파괴되었다. 기반 시설이 박살나니 테란이 살아남기 어렵게 되었다.

Protetype : GG

Darkness : GG

이런 행보가 또다시 3번, 김건후도 문준휘와 마찬가지로 강초원을 이길 수 없음이 확인되었다.

"어라, 너 여기서 뭐 하냐!?"

이때, 연습생 숙소에서 밥을 다 차리고 프로게이머 숙소로 들어온 김유원이 이 광경을 지켜보더니 큰소리쳤다. 연습생 신분인 사람이 멋대로 프로게이머 컴퓨터를 만지작거리다니…. 김유원으로서는 납득이 안 되는 상황이었다. 강초원이 식은땀을 흘리며 사과의 뜻을 전했다.

"아, 죄송합니다! 제가 하지 말았어야 했는데….”

"흐음, 보아하니 청소는 다 해 둔 것 같군. 연습생!”

"예!”

"연습생 숙소에 밥해 놨으니까 가서 식사하도록.”

"아, 알겠습니다. 실례했습니다!”

강초원을 떠나보낸 김유원, 그는 문준휘와 김건후에게 여러 가지를 물어보았다. 그 둘이 하는 말은 일맥상통, 프로게이머조차 이기는 실력이라는 것이다…. 점차 드러나는 강초원의 실력에 김유원 스스로도 긴장하지 않을 수 없었다. 위만 있는 것이 아닌, 아래에서 치고 올라오는 자가 있다는 것…. 분명 프로게이머로서 대비를 하지 않으면 안 될 것이다.

–

프로 리그 현장…. 눈앞의 광경에 이도재나 배정도, 김준우 셋은 관중석에서 구경하던 중 놀라움을 금치 못했다. 관객이 지켜보는 가운데 게임 화면에는 EZ United팀의 나선환, Capture가 박재형, BloodBoy를 상대로 압도적인 경기를 펼쳐나가고 있었다. 게임이 끝나고 나선환이 당당하게 EZ United 감독에게 찾아갔을 때 그 감독은 너무 즐거운 나머지 낄낄대며 웃고 있었다. 그 옆에는 작년부터 무서운 프로 리그 성적을 보여주는 홍성준도 같이 있었다. 배정도가 옆에서 귀엣말로 이도재에게 말했다.

"저 녀석, 강하군요. EZ United의 전력 중 하나라고 봐도 되겠죠.”

"그렇게 되는군…. 상당히 무섭네, 나선환 녀석. 배정도, 네가 저 녀석 잡을 수 있겠는가? 지금 우리 MSMT YD에서는 저 녀석을 잡을 사람이 필요하다.”

"어느 정도 상대해 볼 만할 것 같습니다. 믿고 맡겨 주시길.”

"… 그래, 좋아. 이제 홍성준을 잡을 카드만 구하면 되겠군. 그 카드는 아직 우리에겐 존재하지 않아. 카드를 늘리는 수밖에 없다는 것…. 그것만이 해답이다.”

흔들리는 전설

–

   내가 화장실에서 나오는 순간 박준영이 기다렸다는 듯이 내게 다가왔다. 아마도 8강에서는 나와 같은 조에 속하는 데다 처음에 대결하기 때문에 아마도 그것에 관해 얘기를 하려는 듯하다. 나도 이미 어느 정도 계산을 한지라 박준영과 8강에서 마주친다는 것을 알고 있었다. 박준영이 내게 말했다.

   “승태 선배, 아무래도 이번엔 저하고도 붙겠군요. 이 시간을 오랫동안 기다리고 있었습니다.”
   “아아, 나도 그래. 결국은 여기서 만나는구나.”
   “저와 승태 선배가 PC방에서 처음 만났을 그 당시에는 확실히 제가 생각해 봐도 승태 선배가 저보다 실력이 더 좋은 편이었습니다만. 저는 그 이후 엄청난 노력을 통해 많이 성장했습니다. 조심하시는 게 좋을 겁니다.”
   “좋아, 한번 제대로 해보자고. 나도 봐주지는 않을 테니까!”

   내 말이 끝남과 동시에 8강 진행을 알리는 방송이 나왔다. 박준영과 나는 대회장 안으로 들어갔다. 자리에 서로 앉았고, 대회가 시작되었다. 나는 알포인트의 7시 진영이 걸렸고 박준영은 프로브 정찰로 확인하니 5시 쪽인 듯하다. 나는 여유롭게 1게이트 상태로 코어를 올리고 뒤이어 두 번째 게이트를 올린 뒤, 드래군 생산과 사업을 통해 초반부터 압박하려 했다.

   첫 번째 드래군이 나오자마자 내 본진을 정찰 중이던 SCV를 잡고 곧바로 테란의 본진 입구 앞까지 당도했는데, 마린이 4기나 언덕 입구를 지키고 있어서 드래군이 진입하기에 어려움이 너무 컸다. 나는 그래서 추가로 드래군 2기가 합류한 대로 사업이 되자마자 다시 한번 테란의 입구를 공략했으나, 탱크까지 나와 버려서 더 이상의 공격은 쉽지 않았다. 나는 생각을 바꿔 드래군들로 하여금 내 본진 앞마당 바깥쪽을 지키게 하면서 곧바로 앞마당에 넥서스를 소환했다. 넥서스가 완성되자마자 프로브 절반을 이곳으로 옮겼다.

그런데 아무래도 내가 한 방 먹은 듯싶다. 박준영의 기습적인 드랍쉽 활용이 기가 막혔다. 박준영은 내가 5시 본진 바깥에 프로브를 놔둔 걸 SCV 정찰로 확인한 뒤 마린 4기와 탱크 1기로 언덕을 내려와 프로브를 잡고, 그대로 내 본진을 공격하려는 움직임을 보여줌으로써 내게 정면 공격을 감행하는 것 같은 페이크를 건 뒤, 드랍쉽을 띄워 맵 아래쪽에 바짝 붙어서 그대로 내 본진 구석에 당도, 드랍쉽에 타고 있던 벌쳐 4기를 내린 뒤 내 앞마당 쪽 드래군이 본진으로 돌아오지 못하게 입구 쪽에 마인을 상당히 심고 본진 프로브 사냥을 시작하였다. 덕분에 내 드래군은 3기, 프로브는 9기 이상을 잃었다. 사실 이 정도 피해로 막은 거 자체가 신기했을 정도였다. 난 처음부터 불리함을 갖고 시작하였다.

아무래도 테란은 앞마당을 확보했을 것 같은데…. 나는 무리를 해서라도 어떻게든 이득을 취해야만 이 게임에서 이길 수 있다는 생각을 했다. 12시 중립 멀티 쪽에 넥서스를 소환하는 과감한 선택을 하였다. 그런데 문제가 생겼다. 테란이 생각보다 빠르게 메카닉 부대를 이끌고 치고 나오는 것이었다. 박준영은 6시 중립 멀티를 전초기지로 삼아 이곳에 조이기 라인을 형성했다. 아무래도 당분간 이 조이기 라인을 밀기는 불가능해 보인다. 게다가 박준영은 6시 멀티마저 확보했다. 다행히 아직 내 12시 멀티는 발견이 안 되고 있었다. 들키지 않으려고 12시 넥서스에서 프로브를 직접 생산한 데다, 벌쳐가 멀티 체크를 집중적으로 하고 있던 11시 스타팅 지역에 프로브를 계속 보내면서 내가 미처 12시에 멀티를 하지는 못했으리라 생각이 들게끔 하고 있었기 때문이다.

그래서 그런지 박준영은 내가 앞마당만 먹고 병력 위주로 구성하고 있다는 생각에 빠른 진격은 하지 않고 6시 멀티 확보 이후에 안정적으로 나가고 있는 것 같다. 이왕 이렇게 된 거 잘됐다는 생각이 들었다. 박준영은 탱크를 한 기씩 전진, 시즈모드를 하면서 내가 7시 앞마당에서 바깥으로 나오지 못하도록 봉쇄했다. '삼만 년 조이기'라고 불리는 이 전술은 내가 언제 공격해야 할지 난감하도록 만들었다. 내가 2스타게이트에 플릿비콘까지 완성해서 캐리어를 뽑고는 있었지만, 테란이 내 앞마당 근처까지 조이기 라인을 형성해서 마침내 내 앞마당까지 위험해졌다.

나는 어쩔 수 없이 지금까지 모은 발업질럿과 드래군으로 총공격을 감행했다. 박준영의 벌쳐 움직임이 갑자기 부산해지기 시작했다. 질럿 일부는 마인 대부분을 제거하는 데 쓰고 나머지는 어택땅, 그리하여 앞에 있던 탱크들은 대부분 제거했으나 지형에 의지하여 뒤에서 백업하고 있던 시즈모드된 탱크들에겐 감히 공격할 엄두가 나지 않았다. 내 질럿과 드래군들 중 절반 이상이 죽고, 나머지는 앞마당을 지킨 채 캐리어 2기가 추가되었으나, 박준영은 이미 스캔으로 내가 캐리어를 모으고 있다는 걸 어느 정도 알고 있었나 보다. 6시 멀티를 중심으로 터렛 신공을 해대면서 골리앗을 확충하고 있었다.

사실 난 며칠 전에 원석이 형으로부터 몇 가지 조언을 들었는데, 캐리어를 뽑기 위해 스타게이트를 올릴 때부터 공중 공업을 눌러 두면 캐리어가 나올 때쯤 이미 공 1업이 된다는 것이었다. 이는 캐리어 활용에 상당히 도움이 되는 팁이었다. 게다가 캐리어는 인터셉터가 캐리어 안에 들어 있으면 나중에 상대를 공격할 때 인터셉터가 1기씩 차례로 나오기 때문에 화력이 뒤늦게 집중이 되는데, 캐리어를 계속 쉬지 않고 움직여 주면 인터셉터가 체력 회복이 안 되는 대신 캐리어 몸체 안으로 들어가지 않아서 나중에 공격할 때 인터셉터 8기가 곧바로 타겟을 공격한다는 것이다.

나는 캐리어 4기를 모으자마자 지상 병력들을 우회하여 센터로 집결시킨 뒤, 캐리어로는 6시 멀티를 강타했다. 내 예상대로 박준영은 골리앗 다수를 동원하여 탱크 벌쳐와 동시에 내 본진 앞마당을 공략하기 시작했다. 내 캐리어들을 수비로 돌리게 하기 위함이었다. 하지만 난 이미 앞마당을 포기할 생각을 하고 있었다. 12시 몰래 멀티만 믿고 센터에 집결시켰던 지상 병력들로 테란의 앞마당을 습격했다. 이른바 엘리전이다. 캐리어 4기가 6시 멀티를 가까스로 부쉈으며 나의 지상 병력들을 활용한 5시 앞마당 공격은 나름대로 성공적이었다. 커맨드센터를 못 부순 것과 지상 병력들을 다 잃은 건 상당히 컸지만 말이다.

나는 추가 다크템플러로 메카닉 병력들이 앞마당을 부수고 본진으로 올라오는 걸 최대한 방해했다. 그리고 회군한 캐리어로 상당수의 골리앗을 제거, 탱크와 벌쳐들을 쫓은 뒤 다시 한번 병력을 모았다. 그리고 다시 앞마당에 넥서스를 소환한 뒤 테란의 앞마당 견제를 재시도하였다. 골리앗이 상당히 많아서 좀처럼 캐리어로 쉽게 뚫리진 않았다. 그나저나 박준영은 무섭게도 이미 메카닉 2/2업 상태에 4시 쪽 가스 멀티도 확보해 둔 상태라 내 공격만 잘 막으면서 버티기만 해도 자원 격차를 쉽게 벌릴 수 있었던 상황이었다. 하지만 박준영이 수를 잘못 읽었는지 또다시 공격하기 시작했다. 난 지금까지 모아둔 지상 병력과 캐리어 4기, 템플러까지 가세하여 테란의 전 병력들을 전멸시켰다. 결국, 12시 멀티는 게임이 끝날 때까지 발견되지 않았다.

Slayers : GG

Yukhang : GG

"선배 역시 강하군요. 사실 제가 이기고 있는 줄 알고 있었는데 말입니다. 혹시 멀티가 앞마당 말고 또 있었습니까?"

내가 12시에 멀티가 있었다고 말하자 박준영은 약간 분한 기색을 보였다. 막상 이기고 나니 박준영에겐 아주 약간 미안하게 됐군. 하지만 나도 본선에서 살아남아야 하니까…. 그래도 박준영에겐 아직 패자전이 남아 있어서 얼마든지 올라올 가능성은 있었다. 박준영은 스스로 각오를 굳게 하고는 잠시 바람을 쐬러 바깥으로 나갔다. 그때 강성진이 대회장에서 나오고 있었다.

"강성진, 어떻게 됐어?"

"… 처음부터 승패는 결정됐었다. 상대가 너무 버티려고만 해서 오래 걸렸을 뿐."

"이야, 대단한걸?"

"넌 어떻게 됐지? 듣자 하니 대결 상대가 아는 사람이라고 하던데."

"아아, 박준영이라고 있어."

"박준영이라…. 들은 적 있는 사람이네."

"그래. IP 체인저를 만든 녀석이야."

"그나저나 너, 8강 승자전도 이겨야 한다? 떨어지면 가만두지 않겠어."

"하하하, 나 요새 기세 타고 있으니까 걱정할 필요 없어."

"그러다 진다… 조심해라."

그나저나 역시 강성진인가…. 자신에겐 마치 8강은 아무것도 아니라는 듯이 말하고 있었다. 뒤이어 원석이 형도 초사이언 모드를 해제한 채 대회장에서 나오고 있었다. 원석이 형은 전승으로 결승까지 올라갈 것이 분명하니 더는 신경 쓰지 않아도 될 듯싶다. 나와 강성진, 원석이 형은 승자전, 박준영은 패자전으로 향했으니, 앞으로 어떻게 될지 기대되지 않는가?!

　패스트 다크템플러, 그것은 로망이다. 나는 프로토스 유저를 상대로 패스트 다크템플러를 구사하였다. 드래군을 1기 뽑아 상대방 프로브를 쫓아 보낸 뒤에 곧바로 아둔, 템플러 아카이브를 올렸고 게이트웨이도 추가로 하나 올렸다. 2 게이트에서 나온 다크템플러가 상대방 본진을 초토화시켰다. 이때 상대는 캐논이나 옵저버같은 디텍팅 유닛이 없었다. 난 주인공이라 그런지 여차여차 해서 8강 승자전에서도 승리했다. 4강까지 오른 내가 정말 대단한걸…. 그런데 나와는 정반대의 상황에 처한 사람도 있었다.

　"후우, 힘들군요."

　박준영은 8강에서 나에게 패한 뒤 패자전에서 자신이 가장 자신 있어 하는 대 저그전에서도 장기전 도중에 침착하지 못한 게임 운영을 하다가 결국 지고 말았다. 그걸 자리 뒤에서 보고 있었던 나도 굉장히 아쉬웠다. 박준영도 여기 까지인가…. 나는 위로를 겸해 그에게 말했다.

　"저기, 박준영…. 내가 테저전은 잘 모르긴 하지만, 아까 지우개 하려고 베슬을 저그 멀티로 보냈었던 게 다 잡힌 거… 좀 크지 않아?"
　"맞습니다. 테란 대 저그전에서 가장 중요한 유닛은 바로 베슬인데, 베슬 관리가 너무 미흡했습니다. 지우개로 일꾼을 싹쓸이해서 상황을 반전시키려던 제 생각이 상대방에게 읽혔다는 게 좀 크군요. 그건 그렇고, 좀 쉬고 싶습니다."

　박준영은 이번 게임은 평소의 자기 자신이 아니었다는 듯 상당히 기분 상한 표정을 짓고 있었다. 뭐, 자기 실력이 다 나오지 않았다면 크게 상심할 만하겠지. 나와 같이 대기실 소파에 앉아있었던 박준영은 5분간 쉬더니 진지한 눈빛으로 천천히 말을 꺼냈다.

"전 정말로 이기고 싶었습니다. 우승까지 하고 싶어서 제가 그동안 해본 적도 없었던 노력을 했습니다만⋯. 결국 선배에게 진 뒤 마음이 다급해져서 그르치게 됐군요. 사실 저는 우승도 나름대로의 목표였지만 선배를 이겨 보는 것도 제 목표였습니다. 이루진 못했지만요."

"그래도 최선을 다했잖아? 너무 상심하지 말라고, 박준영."

"최선을 다한 것은 알고 있습니다만⋯. 노력의 성과가 이 정도였다는 건 분명 제게 큰 충격입니다. 소위 말해 전 밥 먹고 스타만 계속했었습니다. 이 대회를 위해 말입니다. 적어도 한 번쯤은 우승하고 싶었기 때문입니다."

"그래⋯."

"전 이만 집으로 가보겠습니다⋯ 선배."

"응, 수고 많았어. 잘 가, 박준영."

사실 아까 박준영이 했던 저그전은 내가 보기엔 박준영이 이길 수도 있었던 것 같았다. 11시 멀티를 잘 끊고 센터만 계속 장악했으면 됐을 것 같은데⋯. 그러고 보니 박준영을 이기고 결국 4강까지 진출한 이 저그는 강성진과 4강에서 대결하게 되는군. 고의든 아니든 복수는 저절로 될 것이다. 내가 대회장에서 4강을 준비하던 도중 종일 오락실에서 놀고 있었던 범진이 형과 제열이 형이 돈을 다 탕진한 채 내 자리로 찾아왔다. 제열이 형이 말했다.

"오, 내가 네 이름을 잘 못 외워서 꼬마라고 부른지가 몇 달 안 되는데 어떻게 4강까지 간 거지. 진짜 놀랍네. 운빨 장난 아니다~"

이번엔 범진이 형이 내 어깨를 툭툭 치며 옆에서 말했다.

"실은 강성진 그 녀석도 네가 올라왔으면 좋겠다는 식으로 말하더라고, 그러니 힘내라. 흐흐."

"네. 반드시 결승까지 가도록 하겠습니다. 저를 믿어주세요!"

범진이 형과 제열이 형은 힘을 북돋아 주고는 원석이 형 경기를 보러 떠났다. 아무래도 나보다는 원석이 형 경기가 더 재밌을 테니 나도 굳이 말리진 않았다. 4강부터는 토너먼트다. 3판 2선승제로 2판을 먼저 지면 내가 지는 것이다. 반대로 2판을 내가 먼저 이기면 결승에 진출한다. 맵 순서는 라이드 오브 발키리, 루나, 그리고 네오 레퀴엠이다. 네오 레퀴엠에서 테란을 상대하는 건 나름대로 편하긴 한데, 이번 4강 상대는 나와 같은 프로토스라서 맵의 영향을 받지 않는다. 결국 실력 싸움이란 소린데, 되도록이면 네오 레퀴엠까지는 가지 않도록 2판을 먼저 제압할 필요가 있는 것 같다.

1경기 라이드 오브 발키리, 7시 진영인 나는 무난한 2 게이트를 올리며 상대방의 진영을 정찰했다. 5시인 상대방도 역시 2 게이트인가…. 그렇다면 질럿으로 입구를 잘 지키면서 테크나 천천히 올리면 되겠지… 라는 생각을 하고 있었는데 상대방의 질럿이 생각보다 많다. 서로 질럿을 맞바꿔 주면서 상황은 무난하게 전개…. 난 특이하게 포지와 로보틱스를 같이 올려서 캐논을 입구 쪽에 1기 건설하고, 셔틀을 일찍 뽑아 이른 타이밍에 섬 멀티를 가져갔다. 내 입구 쪽에서 서성거리고 있는 다크템플러를 보아하니 상대는 템플러 아카이브 테크트리를 선택한 듯하다. 내 계획대로 된 것이다.

템플러 아카이브 테크트리를 먼저 선택한 이상, 패스트 셔틀 다크템플러 전략을 생각해 두고 있지 않는다면 내 섬 멀티를 파악할 수 없는 데다 견제조차도 불가능하다. 게다가 상대는 내가 앞마당을 계속 안 먹고 있어서 그런지, 앞마당까지 늦추면서 내 올인성 전략에 대비하고 있는 듯했다. 이게 바로 내가 노리고 있는 것이다. 나는 옵저버를 1기 생산하고 앞마당까지 병력을 진출, 결국 앞마당마저 확보했다. 아마 공격을 오지 않는 이유는 내가 앞마당을 늦춘

만큼 병력을 모았으리라는 상대방의 잘못된 계산 덕택이겠지.

　그런데… 뭐지? 대회를 하는 중에 갑자기 내 컴퓨터가 바탕화면으로 튕겨버렸다. 대회 관계자들도 2명이나 내 자리로 달려왔다. 상대방도 의아한 표정으로 이쪽으로 오고 있었다. 아무래도 내 생각엔 아직 제대로 된 싸움도 없어서 재경기로 갈 것 같은데…. 난 분명 유리한 상황이었기 때문에 약간 항의를 했는데 전혀 받아들여지지 않았다. 하아, 이걸 어쩌지. 그래도… 재경기에서도 유리하게 이끌어나가게 된다면 상관없잖아? 최대한 긍정적으로 생각하자.

　재경기 시작, 또다시 7시가 걸린 난 이번엔 화력 지향적으로 플레이하였다. 로보틱스를 올려서 리버를 뽑고 앞마당으로 병력을 진출시킨 뒤에 곧바로 넥서스를 소환하였는데, 이번엔 역으로 말렸다. 상대방이 다크템플러를 또다시 사용한 것이다. 리버는 셔틀에 태웠기에 피해를 받지 않았지만, 내 입구를 봉쇄한 드래군들이 상대방의 다크템플러에게 썰려 나갔다. 결국, 뒤늦게 나온 옵저버로 막는 데에는 성공했지만 이번 일격으로 기분이 나쁜 것만은 확실하다.

　뭐, 드래군이 잡히긴 했지만, 일꾼 피해를 받은 것도 아니니까 다시 원상복구 하면 되겠지…. 그런 내 생각도 재경기 이후에 180도로 달라졌다. 상대방의 수많은 발업질럿이 내 앞마당으로 기습하였으며, 이에 내 드래군, 리버가 뒤로 밀려 버리는 사태가 발생하였다. 리버가 1기 있었는데도 발업질럿에게 이렇게 밀리다니…. 이런 건 난생처음이다. 이번에도 내 병력은 본진 입구 위로 올라갈 수밖에 없었고, 앞마당 넥서스는 파괴되었다.

　화가 난 나는 속업된 셔틀에 리버와 프로브 1기를 태워서 상대방 진형으로 보냈다. 우선 섬 멀티에 프로브를 1기 내려서 넥서스를 소환시키고, 리버 태운 셔틀은 상대방 진형으로 가보니 상대방은 앞마당을 확보한 상태였고 드래군이 적은 상태, 난 잘됐다 싶어서 이리저리 휩쓸고 다녔다. 이에 열 받은 상대방의 모든 병력이 내 7시 본진을 습격, 내 병력들이 모두 잡히고 입구가 개방되었다. 내 셔틀은 본진으로 돌아올 수밖에 없었고, 셔틀 아케이드를 구사하면서 막아내려 했으나 이미 대세는 갈린 듯하다. 난 그대로 GG를 칠 수밖에 없었다.

Yukhang : GG

Yamiyuugi : GG

1, 2경기를 잡아서 끝내야겠다는 다짐도 물거품이 되어 버렸고…. 나는 오징어를 씹고 콜라를 마시며 2경기를 대비할 수밖에 없었다.

"후우… 하아… 후우… 하아…."

난 호흡을 크게 하면서 이 긴장감을 최소화시키려 들었다. 이번에 지면 모든 게 끝난다…. Yamiyuugi만 잡으면 결승행이야…. 절대 이 녀석에게만큼은 질 수 없다.

—

대회장에 방문한 Die는 대회 게임을 4강까지 대리로 치른 Nolif와 마주하였고, 둘은 계약 문제로 서로 대화를 나누었다. 둘 중에 먼저 말을 꺼낸 것은 Die였다.

"약속대로 ATM기를 통해 계약금을 지불했습니다."

"크큭, 감사합니다."

"그 외에 뭔가 인수인계 사항이 있습니까?"

"초중등부에 Shadow의 제자인 강성진과 Yukhang이 4강 진출한 것, 이상입니다."

"Yukhang…? 강성진이 최원석의 제자인 것은 예전부터 알고 있었지만, 한 녀석은 처음 듣는군요."

"이하동문입니다."

"뭐, 아무렴 어때…. 고등부와는 전혀 상관없는 일인 걸."

"그럼 저는 가 보도록 하겠습니다. 수고하시길."

"아아, 예. Nolif 님. 고생 많았습니다. 하하핫."

Bisang : GG

Shadow : GG

　최원석과 저그의 루나 4강 1경기는 최원석의 하드코어 질럿 러쉬로 마무리
되었다. 2경기는 이전 경기보단 싸움다운 싸움을 했는데, 최원석의 커세어 부
대가 저그의 약점을 잘 찾아내어 오버로드를 학살하였고, 셔틀에 태운 다크템
플러 4기가 저그의 본진을 초토화시켰다. 스파이어, 히드라리스크덴이 박살
난 저그는 재건하면서 반격의 움직임을 펼쳤는데, 이미 한 방 병력을 갖춘 최
원석의 상대가 되질 못했다.

　중앙에서는 하이템플러가 스톰을 쓰지 않아도 저그의 병력들이 도망치기
바쁜 형국이었고, 결국 프로토스 지상군의 순회공연으로 저그의 멀티들이 하
나둘 깨지기 시작했다. 저그는 마지막으로 자신의 본진 앞마당에 러커 연탄을
펼쳤으나 최원석의 드래군 숫자가 만만치 않았고, 하이템플러들의 스톰 쓸 마
나가 충분했다.

　최원석은 러커의 사거리에서 벗어나 있는 하이템플러들로 스톰을 날렸고,
드래군이 한 대씩 치는 식으로 러커를 제거했다. 이러한 공격 패턴 때문에 러
커는 프로토스에게 아무런 위협이 되지 못했다. 대부분의 러커가 이런 식으로
제거당하고, 남은 건 성큰콜로니와 저글링들뿐이다. 최원석의 모든 부대는 기
다렸다는 듯이 성난 파도와 같이 저그의 앞마당으로 휘몰아쳤다. 이에 저그의
진영은 그대로 쓸려나갔다.

Bisang : 잘하시네요, GG

Shadow : GG

    다른 4강 경기보다도 가장 일찍 대회 경기를 끝낸 최원석, 인제열이나 김범진뿐 아니라 뒤에서 구경하고 있었던(이미 탈락한) 다른 대회 인원도 놀라움을 금치 못하고 환호성과 박수를 보냈다. 인제열과 김범진의 축하 세례가 이어졌다.

    "이야, 최원석. 진짜 기막히게 한다. 결국, 결승까지 무난하게 올라가는구나!"

    "역시 바보 제열보다 훨씬 잘하네."

    이에 머쓱해진 최원석, 하지만 이 결과가 몹시 당연하다는 듯이 군다. 자만감이 실린 그의 미소, 그것은 최원석만의 세리머니 중 하나였다. 최원석이 말했다.

    "저기 말이야, 나 원래 대회 한번 나갔다 하면 그냥 우승하잖아? 너무 띄워주지 마, 하하. 그나저나 제열아, 성진이랑 승태는 어떻게 됐어?"

    "강성진 그 녀석은 지금 1승 중이고, 최승태는 1패째인 것 같던데?"

    "이거이거, 스승 격인 나로서는 초중등부 대회 결승 자리에 내 제자들이 올라갔으면 하는데 말이야. 최승태가 1패라니 좀 걱정되네. 어쨌든 구경이나 하러 가자."

–

    '멍청한 녀석 같으니…. 방어만 해서는 결코 날 이길 수 없다는 걸 알고 있을 텐데…?'

저그와의 알포인트 게임 중반쯤부터 강성진은 매우 거친 플레이를 보여 줬다. 속업 셔틀에 태운 하이템플러 드랍으로 드론에게 스톰을 사용하여 10킬 이상을 기록···. 리버 4기를 동반한 프로토스의 병력이 전진, 러커가 포함된 저그의 병력을 일도양단했다. 그 이후 저그의 또 다른 스타팅 멀티와 앞마당을 지상군으로 급습, 성큰콜로니가 8기이고 스포어콜로니 하나에 러커까지 여럿 있었으나, 다수 리버와 프로토스 지상군의 위력에 의해 모든 성큰콜로니와 스포어콜로니가 파괴되고 두 개의 멀티마저 온전하지 못했다. 그러면서도 강성진은 멀티 수를 하나씩 늘리고 있었으니 대세는 차근차근 기울었다.

Detectiveconan : GG

Zera : GG

"수고했어, 성진아."

마침 뒤에서 지켜보던 최원석이 미리 자판기에서 뽑아 둔 콜라를 내밀며 말했는데, 강성진은 콜라를 바라보더니 건네받고는 냉담하게 말했다.

"원석이 형···. 전 콜라 같은 탄산음료보다 주스나 이온음료 같은 게 좋다구요."
"아아. 미안, 미안. 내가 실수했네. 내 제자가 좋아하는 음료수가 뭔지도 몰랐으니 말이야."
"제 게임 일찍 구경하러 온 거 보니까 원석이 형도 결승에 진출했나 보네요. 그나저나 그 녀석은 어떻게 됐어요?"
"그 녀석이라면, 최승태 말야?"
"네."
"아까 제열이한테 들어 보니까 1패라던데?"
"··· 그래요? 3판 2선승제인데 1패···."
"너도 걱정되면 지금 얼른 일어나서 보러 가는 게 어때? 범진이나 제열이도 지금 보는 중일 텐데, 나도 궁금해서 미치겠네. 자자, 서두르자고."

"네. 아, 그리고 원석이 형."

"응? 왜?"

"… 음료수, 고마워요."

"후후, 짜식. 넌 감정 표현이 너무 서툴러서 탈이라니까."

"… 그런가요."

"좀 더 솔직해져 보라고."

—

'안 돼, 이대로는… 이대로 가다간…!'

YamiYuugi와의 2경기, 루나에서도 나는 심각한 위기를 맞았다. 나는 11시, 적은 2시로 서로 같은 2게이트였는데 상대방 질럿이 내 본진에 난입하더니 프로브 사냥을 시작하는 것이었다. 어떻게든 막아보긴 했는데 프로브가 2기나 죽어 버려서 처음부터 일꾼 수 차이가 나 버렸다. 이 게임에서도 진다면 나는 이대로 탈락이야…. 포기할 수 없다. 난 앞마당을 먹은 상태로 내 드래군과 리버 2기를 센터로 전진. 그때 마침 상대 병력의 주력인 드래군 리버 병력도 센터로 집결되었으니… 맞닥뜨리지 않을 수 없게 되었다.

'이 싸움, 절대 지지 않겠다! 정면으로 부딪쳐 주겠어!'

나는 병력 교전 중에 상대 드래군에게 맞고 있는 리버를 셔틀로 태웠다 내리기를 반복하면서, 리버의 생존률을 최대한 높여 이 센터 싸움에서 한 발짝도 뒤로 밀리지 않으려 했다. 으으, 드래군 수 차이가 조금씩 벌어지기 시작했다. 하지만 아직 리버 2기는 살아있기 때문에 이 싸움을 포기하지 않고 있었다. 그때, 마침내 드래군 4기가 추가로 지원을 왔다. 상대의 드래군들이 슬슬 밀리고 있다!

상대가 리버 2기를 셔틀에 태우고 드래군과 같이 뒤로 빼는 사이에, 적절하게도 내 드래군들을 일찍 앞으로 전진시켜 상대방의 셔틀을 격추했다. 덕분에 그 셔틀에 타고 있었던 상대의 리버가 모두 잡히고 말았다. 난 그대로 추가 발업질럿을 지원받아 그대로 상대방 앞마당으로 쳐들어갔다. 전방에 배치되어 있었던 적의 병력은 낙엽처럼 쓸려나갔지만 내 병력도 많이 죽었다. 게임을 끝내기에는 아직 부족하다. 나는 8시 스타팅 멀티에 넥서스를 소환하고 리버 2기를 태운 셔틀로 여러 군데를 돌아다니며 혹시나 있을 법한 Yamiyuugi의 추가 멀티를 색출하였는데, 다행히도 상대방의 추가 멀티는 존재하지 않았다.

내 8시 스타팅 멀티의 영향으로 자원의 격차가 점차 벌어지기 시작했다. 나는 리버 4기를 동반한 질럿과 드래군 조합으로 2시 상대방 본진으로 쳐들어갔다. 상대방도 리버 2기가 버티고 있었지만, 화력 차이가 현저히 벌어지는 상황이었고, 결국 상대방의 앞마당 넥서스를 부수고 모든 병력을 압살시켰다.

Yamiyuugi : GG

Yukhang : GG

"오호라, 결국 3차전까지 왔네. 이 기세를 몰아서 3차전도 가볍게 이겨라, 최승태. 너라면 할 수 있어! 스승의 말 절대적으로 믿지?"

언제 왔는지 모를 원석이 형의 응원 멘트와 더불어 범진이 형, 제열이 형도 서로 내 어깨를 주물러 주면서 내 용기를 북돋아 주었다. 그래, 내게는 형들이 있다! 난 형들의 기대를 저버리지 않으려 했다. 다음 맵은 네오 레퀴엠, 대 프로토스전의 경우 피했으면 하는 맵이다. 내가 과연 이 맵에서 Yamiyuugi를 잡아낼 수 있을까?

나는 네오 레퀴엠 12시에서 처음부터 센터를 잡고 시작하기 위해 3게이트 드래군을 시도했다. 3시 상대가 다크일 것을 대비해 입구 쪽에 캐논 1기를 박아둔 채 상대방과 드래군 싸움을 시작했는데, 내 드래군 숫자 우위로 인해 이득을 계속 봤다. 상대는 계속 밀리고 밀려 자신의 본진까지 당도했다. 입구를 두고 서로 대치하던 상황에서 나는 드래군을 밀어 넣었다. 이는 드래군이 많으니 겁이 없어진 탓이다. 3시 상대방 본진으로 내려가니 우리 병력을 향해 포를 쏘는 상대방의 드래군들이 있었다.

　나는 병력을 무빙으로 최대한 당긴 후에 무차별적인 공습을 펼쳤다. 아무리 지형이 협소하다고 하지만, 숫자 차이가 엄청났기 때문에 상대방 드래군들이 뒤로 빠지기 시작했다. Yamiyuugi는 결국 자신의 입구를 지킬 수 없게 되자 프로브까지 동원하면서 내 드래군들을 막으려 했으나 역부족이었다. 뒤늦게 나온 상대방 다크템플러 2기 중 하나는 자신의 본진을 사수하고 하나는 내 본진으로 역습을 가해 왔으나, 내 드래군 2기가 입구를 막고 있었고, 캐논의 디텍터 능력을 보조받으며 다크템플러로부터 지켜내자 상대는 내게 무릎을 꿇을 수밖에 없었다.

　　Yamiyuugi : GG
　　Yukhang : GG

－

　최원석은 생각했다.

　'… 너를 내 제자로 삼았던 그때, 3개월 전부터 알고 있었다. 언젠간 성진이마저도 뛰어넘을지도 모르겠군. 너의 성장은 계속될 거야. 아마도 말이야.'

–

"이겼다고 좋아하기는…. 그냥 운이 좋았을 뿐이잖아?"

다들 날 칭찬해 주는 가운데, 강성진만은 오히려 나를 비하했다. 나는 이에 대해 화가 나지 않을 수 없었다. 난 자리에서 일어나 강성진에게 시비조로 말했다.

"이봐, 강성진. 단지 자기 실력이 좋다고 해서 날 우습게 보지 마. 나이도 나보다 어린 주제에."
"사실대로 말했을 뿐인데 이런 식으로 나오다니…. 어이가 없네, 너란 녀석은."
"이 자식이!"
"나이 많다고 그 사람 우대해 준다는 법은 누가 정해 놨냐? 참으로 어리석군."

난 주먹을 앞으로 내지르려 했으나 원석이 형이 급히 내 손을 막아섰다. 강성진은 내 행동에 잠깐 흠칫하더니 헛기침을 한 번 하고는 화장실로 향했다. 나도 황급히 자리를 정리하고는 형들과 같이 대기실로 나왔다. 곧이어 나는 소파에 앉아서 편히 쉬고 있는 원석이 형에게 말했다.

"원석이 형, 저는 저 녀석의 행동을 참아 내기가 힘들어요…. 한계라는 겁니다. 친해지고 싶어도 저 녀석은 항상 저런 식이니까요."
"흐음, 이번에 결승에서 맞붙게 되니까, 아마 그것 때문에 둘 다 신경이 날카로워진 걸지도 모르지. 성진이보다 나이 많은 네가 참는 게 좋겠다."

"……"

난 언제까지 강성진이 반말을 찍찍 내뱉는 것을 견뎌야만 할까.

–

"말렸네, 꼬마 녀석."

아직 대회장 안에는 김범진과 인제열이 남아있었다. 그중 인제열이 방금 전 상황에 대해 예리하게 지적했다. 김범진도 아저씨처럼 호탕하게 웃고는 말했다.

"어리니까. 단지 그뿐이지. 강성진의 도발에 오히려 분투하게 될 수도 있는 거고. 아니면 주눅이 들어서 패배할 수도 있는 거고."

"에휴, 하필 내가 Zequ 대역을 만나가지고 16강에서 떨어지다니… 수치야 수치."

"그게 수치냐? 난 본선도 못 갔는데. 그저 너 때문에."

"16강이나 32강이나 뭐가 달라… 떨어진 건 똑같은데. 원석이는 항상 우승만 밥 먹듯이 하고, 우리는 들러리 같은 느낌이야."

"들러리… 좋은 표현이군."

이상한 데서 끄덕거리며 인정하는 김범진이었다.

–

강초원은 문준휘, 김건후와의 대결 이후 연습생 숙소에서 휴식을 취하고 있었다. 그때 창문 바깥에서 소란스러운 소리가 들리길래 잠깐 창문 바깥을 내다봤더니 듀얼 토너먼트 경기를 관전하고 돌아온 이도재가 이쪽으로 오고 있는 것이 아닌가. 강초원은 마중 나가서 물었다.

"감독님, 무슨 일이시죠?"

"아직 늦지 않았다, 강초원."

"… 네?"

"보고 싶으면 따라와라, Yukhang의 게임을 말이지."

강초원은 무슨 영문인지 머릿속이 쉽게 정리되지 않았다. 이도재는 강초원을 강제로 연행했다. 그를 대회장으로 끌고 가면서 이도재는 스스로 생각했다.

'… 사실 나는 믿어지지 않는다. 오늘 혹시나 해서 듀얼 토너먼트 경기를 본 뒤 돌아오는 길에 대회장에 들렀을 때, 최육항은 이미 결승에 올라간 상태였다…. 하지만 전에 내가 실력을 확인했을 때는 결코 PC방 대회 결승에 올라갈 만한 실력은 아니었다…. 하여튼, 강초원의 눈에 최육항의 게임을 다시 보여 준다면, 강초원의 반응을 통해 내 의문점은 쉽게 풀리게 될지도 모르겠군. 어떻게 된 일인지는 오늘 내로 밝힐 수 있을지도.'

–

사람이 바뀌었다. Zequ의 대역 노릇을 하던 그 사람은 이미 사라졌고, Die로 추정되는 한 남자가 대회장에 출입하였다. 이런 상황을 충분히 인지하고 있는 대회 관계자가 그저 침묵을 지키고 있으니, 이젠 놀랍지도 않다.

"하하하핫!"

나와 강성진, 원석이 형, Die는 굳게 마음먹으면서 결승전이 시작할 시간만을 기다리고 있었는데, 갑작스럽게 병관이 형이 대회장에 모습을 드러냈다. 병관이 형은 먼저 나에게 다가왔다. 대회장 카운터에서 기웃거리는 결승 진출자를 가리키며 내게 말했다.

"최승태, 저 사람이 Die겠지?"

"… 그런 것 같네요. 하지만 저도 결승에 올라간 이상 다른 일에 신경 쓸 수는 없습니다. 혹시나 비상사태가 일어나면 그때는 병관이 형 몫인 거 아시죠?"

"후후, 결승에 올라갔다고 가오 잡긴! 그나저나 너 성진이하고 싸웠냐? 표정확 굳었던데."

나는 몇 초간 침묵을 지키다 고개를 돌린 채 낮은 목소리로 대답했다.

"… 예, 조금."

이에 병관이 형도 약간은 걱정되는 모양이었다. 분명히 1주 전만 해도 사이가 나쁜 게 아니었기 때문이다. 그때 내가 왜 신경질을 낸 것인지…. 지금 생각하면 조금 후회된다. 병관이 형이 콜라를 다 마시곤 내게 말했다.

"이번에 초중등부하고 고등부 결승전을 동시에 치르지? 미안하지만 난 너희 경기보다 원석이 형이 Die랑 게임을 하는 게 더 끌리거든. 관전하지 않더라도 열심히 하도록 해."

"저희는 걱정하지 마세요, 병관이 형."

… 나와 강성진, 둘의 대결이다. 나는 강성진을 처음 만났을 때 한 그 경기가 아직도 잊히지 않는다. 내가 이번에 강성진을 이기지 않는다면 난 계속 강성진 밑에 머무르게 될 뿐이다…. 강성진을 넘어서겠다.

–

"… 감독님, 여기 PC방 대회 맞나요?"

"… 분명 아까까지만 해도 이렇게 사람이 많진 않았는데 말이다."

이도재가 강초원을 데리고 다시 돌아온 사이, 대회장 안은 길거리를 지나가다 우연히 들른 관객들로 북적대고 있었다. 예상 밖으로 구경꾼들이 너무 몰려들어 난처해진 대회 관계자들은 하는 수 없이 대기실에 의자를 대거 준비, 모니터까지 2대를 설치하여 이들을 맞이하였다. 완전히 스타 리그 경기장이 되어버린 것이다.

Shadow… 구경꾼들의 대화에는 이 단어가 왔다 갔다 하기를 수십 번이었다. 원석이 형은 워낙 유명하다 보니, 오프라인 대회마다 구경꾼들이 엄청나게 모여든다고 예전에 들었던 것 같은데…. 하여튼 원석이 형의 실력을 구경하고 싶은 사람들이 매우 많았던 것 같았다. 병관이 형도 예외는 아니다. 스스로도 오래전부터 원석이 형을 동경하고 있었다고 한다. 스타크래프트계에서 인기를 한 몸에 받는다는 것이 부러웠던 것이다.

–

… 좋은 시도였어, 이건. 7시 프로토스인 나는 5시 프로토스인 강성진의 본진 구석에 숨겨 뒀던 프로브로 로보틱스를 확인한 뒤, 난 곧바로 3게이트를 올려 상대방 입구 아래에서 드래군을 일자로 퍼뜨려 홀드, 강성진이 쉽게 바깥으로 내려올 수 없게 조여 놓고 멀티를 먹었다. 아직도 조용히 있는 걸 보니 리버를 준비하여 그것으로 내 드래군 조이기를 걷어 내고, 리버를 셔틀에 태워 같이 카운터를 날리려는 수작이겠지. 드래군 나르기 신공을 쓰려는 움직임은 다 봉쇄했다. 아직까진 내 페이스다.

드디어 온다! 입구에 걸쳐 있는 강성진의 리버 2기가 천천히 내려오며 내 드래군에게 스캐럽을 날리기 시작했다. 난 전진해 있던 드래군들을 뒤로 약간씩 빼면서 리버가 더 내려오길 기다렸다. 나는 강성진의 리버가 좀 더 걸어 내려올 때 그 틈을 노려 단숨에 달려들어 리버를 제거해 보겠다…. 지금, 그 순간이 왔다.

내 드래군이 전부 달려들어 리버를 일점사하려는 순간, 강성진의 셔틀이 드래군 공격에 맞으려던 리버를 태우고 다시 내려 한 대도 맞지 않았다. 2 스캐럽까지 집중적으로 명중시켜 내 드래군 3기는 전사…. 난 이번엔 셔틀을 일점사하려 했으나, 셔틀이 잠깐 뒤로 갔다 다시 오는 컨트롤 때문에 셔틀마저도 완전하게 잡지 못했다. 난 뒤로 뺄 수밖에 없었다. 내 멍청한 전술에 강성진이 날 비웃고 있는 게 눈에 선하군. 강성진이 앞마당이 늦은 만큼 셔틀 리버와 드래군을 통해 내게 피해를 주려 할 것이다…. 강성진이 내 앞마당까지 병력을 움직이는 중간루트에서 최대한 저지하며 시간을 끌어야 한다. 기회만 된다면 셔틀 요격도 불사하겠다.

내 작전은 적중했다. 비록 셔틀을 요격하지는 못했지만, Hit and Run 전술을 통해 최대한 시간을 끈 덕분에 4게이트로부터 드래군 충원이 한 번 더 되었다. 이로써 내 드래군 숫자가 강성진의 드래군 숫자를 훨씬 압도한다. 이를 본 강성진은 내 드래군 숫자가 두려웠던 건지, 내 앞마당 바깥까지 도달했음에도 아무런 공격을 하지 못한 채, 그대로 뒤로 뺄 수밖에 없었다. 난 추가로 본진과 붙어있는 가스 멀티마저 확보했다. 아무래도 강성진은 맞춰 가려는 듯 나와 비슷하게 멀티를 따라가고 있었다.

–

"강초원, 여기다."

이도재가 가리키는 곳에서는 나와 강성진이 이미 1차전 경기를 하는 중이었다. 그런데 강초원이 두고 있는 시선은 이도재가 가리킨 곳과는 정반대였다. 아무래도 강초원은 내 경기보다는 Shadow가 하는 경기가 더 끌리는 모양이었다. 강초원의 망설임에 이도재가 눈살을 찌푸리며 다가와 묻자 강초원은 얼른 대답했다.

"저기 그게…. Yukhang이 제 목표인 것도 맞고, 경기하는 것도 구경하고 싶긴 합니다만…”

나의 스승인 Shadow의 실력 또한 현장에서 보고 싶다는 소리였다. 이도재
는 몇 초간 생각하다 마지못한 듯 말했다.

“뭐, 너의 기분도 이해 못 하는 건 아니다. Shadow는 분명 굉장한 녀석이지.
하지만 너에게도 보여주고 싶은 게 있어서 말이다. YukHang의 또 다른 모습
을 말이다.”
“… 그건 무슨 소리죠?”

이도재는 강초원의 호기심을 자극해 어떻게든 한 경기만이라도 내가 하는
걸 보여 주려는 속셈이었다. 하여튼 이러저러해서 결국 절충안을 내놓았다.

“한 경기만이라도 좋다, 강초원. 그 이후부터는 Shadow의 경기를 봐도 뭐라
하지 않겠다.”

강초원은 이도재의 횡설수설한 말에 어리둥절했으나 따를 수밖에 없었다.

‘그러고 보니… Yukhang과의 결승 상대, 전에 나한테 찾아와서 대결을 신청했던 그 애였구나…. 강성진이라고 했었지…. Shadow의 제자, 준프로게이머였던가. 실력은 내가 더 나아서 쉽게 이겼었던 것 같은데…. 듣기론 대회 우승 경력은 많았던 걸로 알고 있었는데, 생각보다 대단한 실력은 아니었지.’

강초원은 그렇게 생각하고는 관중석에 준비되어 있는 의자에 앉았다. 이도재 또한 마찬가지로 옆에 앉았다. 그들이 자리에 앉았을 땐 이미 1차전 경기는 초중반까지 진행 중이었다. 강초원은 유심히 이 경기를 지켜보았다. 그 모습이 너무 진지해서 묘한 분위기가 풍길 정도였다. 이도재는 그런 강초원이 이 경기를 지켜보며 어떤 반응을 보일지 매우 궁금한 까닭에 이제는 다리까지 떨기 시작했다. 5분이 경과한 후, 침묵을 지키던 강초원의 눈빛이 바뀌었다. 강초원은 모니터에 비친 최승태의 플레이에 점점 의문이 들기 시작했다.

‘뭐지, 저 플레이는…. 아니, 그게 아닌 건가? 뭐가 다른 의도가… 하지만 저 건….’

–

내가 밀리고 있어… 이건 말도 안 돼. 분명히 자원 상황은 내가 앞서고 있을 텐데…? 11시 스타팅 멀티는 강성진의 공격에 꽤 말리긴 했지만 어떻게든 수비를 해냈다. 강성진이 쉬지 않고 내 프로브를 견제하면서도 자신의 영역을 확보해 나가고 있어. 그리고 지금, 몰려오고 있군…. 강성진의 리버 2기와 질럿, 드래군, 그리고 소수의 하이템플러. 이 병력에 의해 내 드래군과 리버는 힘도 별로 쓰지 못하고 모조리 전멸당했다. 다른 멀티들도 리버에 의해 차례차례로 격파당하고 있었다. 내게 이길 가능성은 존재하지 않았다.

Yukhang : GG

Zera : GG

처음엔 분명히 괜찮은 상황이었는데…. 하지만 이것도 실력 차이인 걸까. 초 중반 이후로는 아무것도 해 보지 못했다. 이에 나도 슬슬 열이 받기 시작했다.

–

강초원은 경악을 금치 못했다.

'겨우 강성진에게…? 그렇다면 난 도대체 왜 저런 녀석한테….'
"이제 알았느냐, 강초원. 저 녀석은 원래 저 정도 실력이었다."

이도재가 자리에서 일어나며 말했다. 강초원은 황급하게 고개를 돌려 이도 재에게 이에 대한 경위를 물었다.

"… 어떻게 된 일이죠, 이건."

강초원의 이 말에 이도재는 역시라는 표정을 지었다. 분명히 자기가 생각하 기에 최승태와 강초원의 실력 차이는 분명했었다. 하지만 강초원이 말하기로 는 최승태의 실력은 엄청나다고 했었다. 모순되어 있었기 때문에 이도재는 이 번 기회에 확실히 정리하고자 했던 것이었을 뿐이었다. 이도재는 강초원의 물 음에 답했다.

"사실 저 녀석과 나는 아는 사이였다. 이름은 최승태고 나이는 너와 같은 걸로 알고 있지. 몇 번 스타크래프트를 같이 해 본 적이 있었기 때문에 나는 저 녀석의 실력을 알고 있었다."

이제 이도재의 궁금증은 하나밖에 남지 않았다. 어떻게 해서 강초원과 대등한 실력을 보여 준 것일까… 바로 그것이었다. 강초원이 이도재에게 말했다.

"… Yukhang의 결승전, 한 번 더 보고 싶습니다."
"뭐, 계속 봐도 뭐라 하진 않는다. 저 녀석의 실력이 네가 생각한 만큼 대단하지 않다는 건 변함없는 사실이니까."

이도재는 그렇게 말하고는 잠깐 화장실에 들렀는데, 그곳에서 뜻밖의 인사와 재회를 하게 됐다. 손을 씻고 있었던 그는 지금 막 화장실에 들어온 이도재를 바라보더니 말했다.

"도재 형, 오랜만입니다."
"아니, 넌…."

스타크래프트에서 가장 암울한 종족이라는 프로토스로 스타 리그 3연속 우승…. 게다가 최근에는 가장 무서운 신인 배정도를 3:2로 꺾기도 한 이승재 프로게이머였다. 정말로 얼마 만이었을까, 그 둘은 반갑게 서로를 맞았다. 전에도 말한 적이 있었지만 조금 더 다른 정보와 곁들어 설명하자면 이도재는 이승재를 프로게이머로 추천하고, 그가 프로게이머가 되었을 땐 발 벗고 나서 단독으로 지도까지 해 줘, 지금은 스타크래프트계의 정상까지 오게 만들어 주었다. 이를 고려할 때 도저히 친분이 깊지 않을 수가 없을 정도다. 이승재 프로게이머의 소속이 MSMT YD팀이 아닌 EZ United팀인 데다 MSMT YD팀 내부 불화로 인한 프로 리그 불참으로 인해 한동안 서로 만날 기회가 없었다. 둘은 고등부 관중석 자리에 앉으며 하던 얘기를 계속했다. 이도재가 먼저 말을 꺼냈다.

"그래서, 어떤 이유로 이곳에 온 거지?"

"형님도 잘 알고 있듯이, 저는 예전부터 Shadow를 계속 주시하고 있었습니다. Shadow의 플레이는 꽤 흥미 있으니까요."

"역시 그 때문인가… 으음."

"그런데 약간 놀랍더군요."

"뭐가?"

"지금 Shadow와 결승전을 치르는 중인 Zequ, 진짜가 아닙니다."

"진짜가 아니라니, 그건 또 무슨 소린가?"

"아직 한 달은 안 됐던가, 저는 전에 Zequ와 오프라인에서 만나 붙었던 적이 있습니다. 사소한 시비가 원인이 되었죠. Zequ가 제게 도발을 걸어왔을 때, 그때 전 프로토스로서 도저히 참을 수 없었습니다. 오늘 이 대회장에 당도했을 때 결승 상대들을 잠깐 눈여겨봤는데…. Shadow의 상대인 Zequ가 왠지 멀리서 봤을 때 영 다른 사람 같길래 가까이 다가가서 확인해 봤는데, 그때 봤던 그 얼굴과는 전혀 다르더군요. 그것만은 확실합니다."

"아이디 위장인가… 어이없는 녀석이군."

"그나저나… 지금 Shadow가 보여주고 있는 플레이, 대단하군요."

"그래, 확실히 그런 것 같군."

–

루나 2경기, 11시인 난 1게이트를 선택하고 강성진의 2시 본진을 살펴본 뒤, 녀석이 선택한 빌드에 맞춰 대응하는 식으로 하려 했다. 확인해 보니 강성진도 마찬가지로 1게이트인 듯. 나는 코어를 올린 뒤 게이트를 하나 더 올리고, 사업을 누르고 드래군 충원을 하다가 적절한 타이밍에 로보틱스를 올렸다. 우선은 다크에 대비도 해야 하는지라 서포트베이보다는 옵저버터리부터 올려서 옵저버를 먼저 2기 정도 생산한 후에 뒤이어 서포트베이를 올려 셔틀, 리버순으로 뽑았다.

내 옵저버가 강성진의 진영으로 정찰 가던 중 상대방의 옵저버와 서로 마주쳤다. 서로 같은 로보틱스 테크트리인 듯하군. 옵저버를 통해 적진을 보아하니 강성진도 리버를 추가 중인 모양이다. 예전에 원석이 형에게 조언을 들었던 게 있었는데, 서로 리버 테크이면 굳이 무리해서 공격하는 것보다는 편하게 앞마당을 먹고 시작하는 게 좋다고 했었다. 난 그대로 따랐다.

'… 아까 전과 같이 무난한 진행이다. 최승태, 너는 나와 실력 차이가 분명하게 존재하고 있다는 걸 잊고 있는 거냐…. 역시 네 녀석은….'

강성진은 나보다도 먼저 3시 미네랄 멀티에 넥서스를 소환하면서도, 그것을 저지하려 드는 나의 리버를 동원한 공격을 순조롭게 막아냈다. 아무래도 좁은 다리를 건너 미네랄 멀티를 저지하는 건 진형상 문제가 있어서 불가능한 듯싶다. 사실 나는 정면과 다리 어느 쪽으로 공격할지 헷갈리게 왔다 갔다 하기도 해 봤지만…. 정말이지 강성진의 리버 컨트롤은 가히 사기적이었다. 전혀 피해를 주지 못한 까닭에, 나는 어쩔 수 없이 뒤늦게나마 제2 멀티를 뒤따라갈 수밖에 없었다.

너무 늦었던 것일까…. 나와 강성진의 자원 격차는 가면 갈수록 벌어지기 시작했다. 강성진은 제3 멀티까지 손쉽게 확보했다. 그리고 내가 타 스타팅 멀티에 넥서스 소환하려는 것을 여러 가지 수단을 통해 계속 멀티를 하지 못하도록 하는 것이었다. 제3 멀티를 먹으려다 내 프로브만 3기씩이나 잡혀버렸다. 게다가 불규칙적으로 강성진의 속업 셔틀 리버가 내 멀티들을 번갈아 가면서 프로브를 조금씩 잡다가, 내 드래군이 몰려올 때쯤에는 교활하게도 도망쳐 버리는 것이었다. 서로 간의 제대로 된 싸움이 없었는데도 나는 계속 말려들었고, 난 초조해지기 시작했다.

… 나는 할 말을 잃었다. 강성진의 지상군과 중앙에서 마주쳤을 때, 나는 아비터라는 유닛을 보게 되자 점점 더 게임할 기분이 들지 않게 되었다. 나는 상

대가 아비터를 쓰고 있다는 걸 전혀 모르고 있었기 때문에 옵저버가 당연히 준비되어 있지 않았고, 저항도 하지 못한 채 강성진의 아비터를 동원한 지상 군에 의해 모조리 괴멸당했다. 이 결승전 경기를 보고 있는 사람들은 지금쯤 날 비웃고 있을지도 모르겠군. 하지만 강성진… 오랜만에 이렇게 게임을 한 건 즐거웠다.

Yukhang : GG

Zera : GG

"아, 저 녀석 더럽게 못 하네."

"완전 관광이잖아? 적어도 아마추어 결승전인데."

"높은 경기력을 기대한 우리가 잘못이지, 뭐."

"자자, 얼른 Shadow 경기나 보러 가자고."

"그래, 가자."

내가 대회 관계자로부터 2위 상금을 받던 중에(그래도 액수는 높았다) 들렸던 여러 목소리는 내 기분을 꽤 상하게 했다. 하지만 하는 수 없지… 내가 못한 다는 건 나도 잘 알고 있었는걸. 운도 많이 따라 줘서 여기까지 올라올 수 있었던 거잖아. 첫 대회이기도 하니까 이 정도면 대단한 거지.

"최승태."

가벼운 시상식이 끝난 뒤 강성진이 흐뭇한 미소로 날 찾아와 말했다.

"시시하긴 했지만, 재밌었어."

강성진은 그렇게 말하고는 내게 악수를 청하는 것이었다. 도대체 어떤 의미 로 내게 이런 말을 하는 것일까… 아까까지만 해도 날 도발하더니… 조금은

열이 받지만 마음을 가라앉힌 뒤 악수에 응했다.

"최승태."

이번에 내 이름을 부른 건 강성진이 아니었다. 나와 악수하던 강성진도 그 목소리를 듣더니 내 뒤에 서 있는 누군가를 노려보기 시작했다. 이 목소리는… 강초원이었다. 그나저나 이 녀석이 어떻게 여기에….

"굉장했어, 너의 플레이."

반어적인 표현이라는 걸 누가 모르겠는가, 강초원은 분명 내 플레이를 보고 꽤 실망했을 것이다. 나는 무언가 변명하고 싶었지만… 그저 머릿속이 멍했다. 아무 생각도 떠오르지 않았기에 어떠한 대답도 할 수 없었다. 이걸 궁지에 몰렸다고 하는 것일까.

강초원이 내 플레이에 실망을 감추지 못하며 말했다.

"너에게 진 뒤로 난 이렇게까지 노력해 오면서 너만을 이기길 고대하고 있었는데…. 그때 나한테 보여 줬던 플레이는 어떻게 된 거야? 원래 이 정도였어?"
"멋대로 생각하지 마, 강초원."

계속 내 신경에 거슬리는 말을 듣자 하니 나도 슬슬 화가 나기 시작했다. 우선은 될 대로 되라는 식으로 막무가내로 말했다. 강초원은 어이가 없었다. 아주 약간 주춤하다가 자기도 언성을 높이며 내게 맞섰다.

"멋대로 생각하지 말라니? 도대체 뭘 말이야? 분명히 오늘 네가 보여 준 플레이는…."
"강초원 씨, 이 녀석 컨디션 안 좋아서 스스로도 열 받고 있는데 그걸 부채질할 셈이에요?"

그때 갑작스럽게 강성진이 강초원 앞에 다가가며 말했다. 자기보다 나이도 많은, 자기보다 실력도 높은 상대한테 존댓말을 하면서 날 구원해 주려는 듯한 강성진의 행동이었다. 하여튼 강성진의 말에 강초원은 약간 놀란 눈치였다.

"컨디션이… 안 좋다고?"
"그저께 부모님이 돌아가셨거든요, 불쌍하게도. 그런 그를 막 대해도 되는 건가요?"

… 강성진…. 날 도와주는 건 잘 알겠는데…. 꼭 그런 이유까지 댈 필요는 없 잖아. 하지만 난 이걸 기회 삼기로 했다. 슬픈 얼굴을 최대한 구현해 내어 강초 원으로 하여금 납득이 가도록 했다. 그런 내 연기력이 통했던 걸까? 강초원도 슬쩍 미안했던지 고개를 떨구며,

"… 미안, 최승태. 나도 모르게… 정말로 미안."

그렇게 말하고는 부끄러운 표정을 보이며 어디론가 가 버렸다. 그나저나 오 늘따라 멋있어 보이는 강성진이었다. 난 잠깐 바깥으로 데리고 나가서 빵과 우유, 덤으로 강성진이 좋아하는 주스를 사주고는 다시 대회장으로 돌아왔다. 아직 Shadow와 Die의 경기가 남아있기 때문이다. 그러고 보니, 강초원이 어떻 게 내 이름을 알고 있었던 거지. 뭐, 짐작이 아예 안 가는 건 아니지만. 이도재 씨, 대회장에 오신 것을 환영합니다.

–

"감독님, 죄송해요. 그냥 숙소에 와 버렸어요…. 고등부 결승전 대회 계속 보 실 거죠? … 네, 알겠습니다."

전화를 끊은 강초원은 그 이후로도 게임에 전념했다고 한다. 아직 나에 대한 환상(?)이 남아있었던 걸까. 적어도 내가 강초원의 좋은 모태가 되고 있는 것 만큼은 틀림없는 것 같다.

–

"뭐지, 아직 1경기도 안 끝났어?"

나와 강성진이 고등부 대회장에 이르렀을 때 나는 혼잣말로 중얼거렸다. 고

등부 결승전은 방금 보고 온 대진표에 따르면, 1경기 맵은 분명히 라이드 오브 발키리였다. 그런데 고등부 결승전을 중계해 주는 모니터에는 아직도 라이드 오브 발키리란 전장을 비춰 주고 있지 않은가. 우린 2경기를 치렀으나 아직도 여기는 1경기마저도 승부가 가려지지 않은 것이다. 어쨌든 나와 강성진은 형들이 앉아 있는 곳을 찾아 옆자리에 앉았다.

"그런데 지금 어떻게 돼 가는 거죠? 이 경기."

강성진과 같이 옆자리에 앉은 나는 형들에게 물었다. 그러자 범진이 형과 제열이 형이 서로 앞다투어 가며 내가 결승전을 치르느라 그동안 못 봤던 것까지 자세하게 설명해 주었다.

–

라이드 오브 발키리 7시 진영이었던 최원석은 처음부터 앞마당에다 파일런, 포지에 이어 캐논 1기를 지은 뒤 자원을 모으다 넥서스를 소환했다. 캐논을 일찍 지은 이유는 Die가 9드론에 스포닝풀을 올렸기 때문이다. 가스도 일찍 돌리고 있었다. 보나 마나 발업저글링으로 초반 이익을 얻고 멀티를 차근차근 늘리려는 생각임이 분명하다. 최원석도 그걸 모르는 건 아니었을 것이다. 그런데 라이드 오브 발키리는 특이하게도 앞마당에서 미네랄 멀티로 이어지는 샛길이 있었다. 하지만 샛길엔 미네랄이 막고 있어서 그것을 캐지 않으면 이용할 수가 없었는데, Die가 이것에 목숨을 걸었다. 라이드 오브 발키리의 샛길에 배치된 미네랄들은 그 양이 24 정도라 세 번만 캐면 샛길을 뚫을 수 있었기 때문에 저글링 8기에 드론을 3기 데리고 최원석의 앞마당 샛길 뒤로 도달했다.

하지만 최원석의 정찰 프로브는 드론이 뛰쳐나오는 걸 보지 못한 채 저글링들에게 잡혀 버려서 이 작전을 눈치챌 수는 없었다. 드론이 자신의 샛길 쪽의 미네랄을 캐고 있을 때 알게 된 것이다. 그것을 보자마자 프로브를 8기씩이나 뛰쳐나오게 하여 미네랄이 뚫리면 저글링이 지나갈 경로를 감싸 버리려 했다. 앞마당에도 캐논 1기를 추가로 소환 중인 데다 게다가 마침 자원이 150이 있었는지 본진에도 캐논을 1기 소환. 하지만 Die의 저글링은 꽤 지능적이었다. 샛길 미네랄을 캐는 것을 보여 정면의 게이트와 포지 사이의 빈틈을 가로막고 있던 프로브마저도 그 샛길 미네랄 사수에 쓰도록 만든 뒤, 발업이 되자마자 곧바로 돌아서 게이트와 포지 사이를 통과, 캐논 2기를 부숴 버린 것이다.

그런데 이게 우연인지 의도인지 캐논 2기가 모두 부서질 때쯤에는 저글링들이 프로브에게 둘러싸여서 전부 죽어 버렸다. 계속 추가로 오는 저글링들은 뒤늦게 나온 질럿 1기와 소수 프로브를 이용하여 쫓아 보냈다. 아무래도 프로토스 본진엔 캐논 1기가 있어서 그런지 발업된 저글링이라도 프로토스의 진영을 휘두르기엔 역부족이었나 싶었다. 결국, 앞마당 쪽에 캐논 1기가 재차 무사히 소환됨과 동시에 이 작전은 중지되었다.

그런데 무섭게도 Die는 저글링 공습 이후에 자원을 꽤 모았던 건지 자신의 앞마당과 더불어 미네랄 멀티까지 해처리를 폈다. 동시에 두 곳을 확보한 것이다. 그 이후로는 장기전이었다. Die가 뮤탈 컨트롤을 통해 최원석의 앞마당 프로브를 어느 정도 잡은 뒤, 자기는 계속 멀티를 확충해 나가는 것이었다. 원석이 형으로서는 어떻게든 저그의 멀티에 압박을 가해야만 했다. 그런데 먼저 공격을 온건 Die였다.

무수히 많은 히드라… 그 수는 셀 수 없었다. 그 히드라들은 언덕을 타고 내려와 원석이 형의 앞마당 멀티를 습격했다. 하이템플러의 스톰으로 아무리 때려잡아도 그 수는 줄지 않았다. 질럿과 드래군은 치고 빠지기를 반복했으나 오히려 히드라들의 공격에 손해만 볼 뿐이었다. 그런데 그때 원석이 형의 하이템플러 4기가 추가로 지원 왔다. 그제야 Die는 병력을 뒤로 뺐다. 어떻게 보면 저그는 히드라 손해를 꽤 봐서 프로토스도 할 만해진 것 같지만, 저그는 시간을 끄는 게 제일, 울트라 확보가 더욱 편리해졌다. 최원석은 이제서야 미네랄 멀티에 넥서스를 소환하였다.

그런데… 놀라운 일이 벌어졌다. 서로 전투를 하던 중 몰래 저그의 본진에 접근한 셔틀은 구석에 다크 2기와 하이템플러 2기를 내린 채 되돌아갔다. 내린 하이템플러들은 저그의 앞마당을 높은 곳에서 내려다보며 스톰을 갈겼다. 그리고 다크템플러는 아무런 방해 없이 본진 드론 사냥을 하는 것이었다. 놀랍게도 원석이 형의 셔틀은 갈 때나 올 때나 패트롤을 해 뒀던 스커지에게 잡히지 않았다. 그것은 속업이 되어 있었기 때문이다. 속업된 셔틀은 스커지와 속도가 비슷해서 신경만 좀 써주면 거의 잡히지 않는다고 한다.

–

여기까지… 내가 없었을 때의 경기 내용이라고 한다. 원석이 형은 섬 멀티를 확보하여 그곳에 템플러와 소수의 질럿과 아칸을 배치해 놓고 캐논 도배를 시작했다. 절대로 내줘선 안 되는 멀티인 모양이었다. 아칸과 템플러가 미리 섬을 장악한 채 멀티를 시도하다 보니 Die는 섬 멀티에 드랍을 시도할 엄두조차 내지 못했다. 오히려 멀티를 더 늘려 가며 울트라를 통한 전면전에 더욱 신경썼다. 12시 중립 멀티까지 확보한 Die는, 지금 막 활성화되려는 원석이 형의 11시 멀티를 급습했다. 그런데 이 작전에 투입된 병력은 꽤 적은 편, 그래도 캐논이 별로 없었던 터라 원석이 형의 지상군을 그곳으로 오도록 만들었다. 프로토스의 지상군이 11시를 구원하러 갔을 때 Die의 2차 총공격이 시작되었다.

타겟은 두 곳, 7시 본진 앞마당과 미네랄 멀티였다. 디파일러들은 서로 다크 스웜을 뿌려대고 아드레날린 저글링과 울트라… 그리고 히드라가 몰려왔다. 앞마당 쪽 바리케이드였던 게이트와 포지는 강제 공격으로 부서졌고 저그의 유닛들은 신나게 밀려들어 왔다. 앞마당은 다 밀려 버렸고 미네랄 멀티는 가까스로 프로토스 지상군이 막아냄으로써 어떻게든 지켜졌다. Die는 미리 공격 보냈던 유닛들을 모조리 원석이 형의 본진으로 어택땅을 찍어 두고, 다른 추가 생산 유닛들을 4기 분량의 오버로드에 태워 놓고 원석이 형의 본진으로 출격, 나머지 남은 저글링들은 11시 쪽으로 공격해 들어갔다. 정말이지 원석이 형에게 희망이란 보이지 않을 정도였다. Die는 확실히 무서운 플레이를 보여 주고 있었다.

프로토스는 비상사태였다. 원석이 형의 주력은 모두 11시로 보내 그곳을 전력으로 지키게 하고 본진 게이트에서 나오는 병력은 입구를 사수하게 했다. 프로토스가 입구를 지키자마자 저그의 공습이 시작되었다. 조금만 더 늦었으면 프로토스는 본진 입구까지 내줬을 수도 있었으나 입구를 좁힌 까닭에 저그는 효율적인 전투를 벌일 수가 없었다. 하지만 이런 상황을 대비하여 저그는 드랍 카드를 선택했던 것이었다. 병력을 실은 오버로드 4기가 프로토스의 7시 본진에 드랍을 시도하였다.

아무리 잘나가는 원석이 형이라도 이번만큼은 무리인가… 라는 생각이 머리에 가득 차고 있었을 때, 머지않아 나는 그것이 잘못됐다는 생각이 들었다. 그동안 옵저버의 화면에 잡히지 않았던 커세어들이 나타나면서 프로토스 본진에 드랍을 한 뒤 회군하는 오버로드들에게 무차별로 공격을 가했다. 오버로드들은 순식간에 커세어들의 먹이가 되었으며 드랍 된 저그의 병력들은 다크템플러에 의해 힘을 쓰지 못하고 전멸하였다.

커세어의 숫자는 8기, 드랍을 시도했던 오버로드 4기를 잡자마자 곧바로 저그의 본진과 앞마당으로 달려가 또 다른 오버로드 사냥을 시도하였는데, 스커지들이 아무리 떼로 달려들어도 커세어들의 공격 아래 갈기갈기 찢겨 버렸다. 스커지를 전멸시킨 커세어들이 저그의 앞마당 쪽의 오버로드를 하나씩 잡아나갈 때마다 관중들이 소리를 지르며 힘차게 환호를 보냈다. 그런데 사실은 커세어가 저그 진영으로 왔을 때 Die의 히드라들이 일부나마 오버로드들을 지키고 있었는데도 불구하고, 워낙 숫자가 좀 되다 보니 히드라들의 공격에도 커세어는 꿈쩍하지 않았다. Die는 프로토스에게 공격 보냈던 히드라들을 뒤늦게 회군시켰으나 이미 수많은 오버로드가 잡힌 상태였다. 이걸로 승부는 다시 알 수 없는 건가? 난 물어보지도 않았는데 강성진은 내게 여러 가지로 이 게임에 대해 조언을 해 줬다.

"저그가 너무 분산적으로 공격해댔어, 그러다 보니 결국은 앞마당 빼고 제대로 타격을 준 곳이 없어져 버렸지. 11시로 공격 보냈던 저글링들은 거의 개죽음만 당했으니까 말이지. Die는 이 게임을 다 이겼다고 생각했던 거야."

난 그 말을 듣는 척하면서 게임을 보는 데에만 관심을 집중시켰다. 원석이 형은 이때 가스가 좀 남았는지 커세어로 히드라들을 묶어 놓고는 게이트에서 하이템플러만을 생산한 뒤 대부분을 아칸으로 합체시켰다. 그 아칸들이 지상군과 합세하니 3부대 가까이 되어 보였는데…. 아칸의 충원을 기다리고 있는 동안, 저그도 프로토스의 한방 병력 상대를 하기 위해 상당한 물량을 생산해 내기 시작했다.

Shadow : ?

드디어 센터에서 두 종족 간의 교전이 벌어지기 시작했다. 풀업 울트라가 선두로 먼저 달려 나갔고 저글링들이 뒤따라 진격, 부채꼴 진형으로 프로토스의 주력과 맞붙게 되었다. 원석이 형은 우선 스톰으로 이득을 보기 위해 주력 병력은 뒤로 조금씩 빼면서, 하이템플러로 하여금 뒤쫓아 오는 저글링과 울트라들에게 스톰을 날렸다. 이 전술은 어느 정도 숫자의 저글링을 괴멸시킬 수 있었으나, 울트라는 체력이 상당히 높았기 때문에, 스톰에 맞은 것 같지도 않은 것처럼 당당하게 돌진해 왔다. 울트라의 숫자만 해도 1부대가 넘어 보이는데…. 거기에 저글링들이 해처리에서 나오자마자 떼거리로 지원을 해 오니 어떻게든 울트라들을 절반 이상 죽였지만 그대로 다 전멸당해 버렸다.

Shadow : GG

Zequ : GG

　3개월 전의 승부 이후에 펼친 재대결이었으나 원석이 형은 또다시 패배하고 말았다. 저그의 도박적인 플레이 같은 거에 진 것도 아니고, 그냥 무난한 게임 운영이었기에 원석이 형의 충격은 더 클 수밖에 없었다… 라고 말하고 싶지만, 쉬는 시간에 잠깐 우리에게 찾아왔을 때의 원석이 형은 전혀 예상외였다. 오히려 재밌는 한판이었다면서 2경기도 열심히 해봐야겠다는 게 아닌가? 원석이 형은 상대가 Die라는 걸 아직도 모르고 있는 건가? 원석이 형이 다시 대회 자리로 돌아가고 난 뒤, 문득 들었던 내 생각에 병관이 형이 딴죽을 걸었다.

　"최승태, 그건 아니지 않을까나. 내 생각대로라면 원석 형은 이미 상대가 Die라는 걸 알았을 거다. 원석 형의 입장으로 생각해 보면 답은 간단하게 나와. 개인전 대회 예선을 치르기도 전에 Zequ라는 녀석이 갑자기 자기에게 선전포고 식의 이상한 행동을 하질 않나… 보통은 생판 모르는 사람이 이런 짓을 하다간 정신병자 취급만 당할 뿐이지. 3개월 전 일과 약간 연관 지어 보면 원석 형이라도 상대가 Die라는 걸 알고는 있을 거라고 본다."

　확실히 병관이 형의 이야기는 맞는 말이라고 본다. 하지만 그래도 저렇게 활기찬 거 보면 전혀 모르고 있는 것 같아서 걱정이야… 원석이 형을 이대로 놔둬도 괜찮은 것인지 잘 모르겠다.

－

Zequ : 약하네?
Zequ : 뭐라고 말 좀 해 봐
Shadow : ?
Shadow : 나한테만 보내는 메시지인가

Zequ : 흐아암

Zequ : 실력 차이가 이렇게 나는데도 계속해 볼래?

Shadow : 말 적당히 해라

Shadow : 참는 것도 한계가 있지

Zequ : 프로토스의 희망 주제에 나 따위한테 쯧쯧

Shadow : 이젠 너 같은 XX 꼴도 보기 싫다

Zequ : 웬 욕질? GG나 치라고 XX야

—

원석이 형과 Die의 2경기를 관람하던 도중, 난 갑자기 음료수가 마시고 싶어 자리를 뜬 뒤 자판기로 향했다. 그런데 가다가 자판기 앞에서 그를 발견하게 된 건 순전히 우연이었다. 난 바로 이도재 씨 옆으로 다가섰다.

"… 여기 있었군요, 이도재 씨. 안 그래도 하고 싶은 말이 있었습니다."

"음? 무슨 일인가, 최육항."

"강초원이 이 대회 장소에 오게 된 것은 이도재 씨의 권유에 의해서죠? 강초원의 반응을 통해 제 실력을 알기 위해서."

"그건 맞는 말인데… 그나저나 말이다. 오늘 처음 만나고선 하는 말이 인사가 아니라 질문이라니 곤란하잖느냐, 최육항."

"강초원은 제가 예선과 본선을 진행하고 있었을 때 단 한 번도 이곳에 와 봤던 적이 없었습니다. 즉, 이것은 누군가가 강초원에게 이곳으로 오도록 권유를 했다는 것이 됩니다. 이런 일을 벌일만한 사람은 이도재 씨밖에 없습니다."

"… 과연 최육항이로군. 강초원이 프로게이머 연습생이 됐다는 것을 기초로 삼아 추리한 건가?"

"그렇습니다."

"너는 내 생각을 읽어 내고 말았다. 그렇다면 얘기는 수월해질 터이다."

"… 네?"

이도재 씨는 내게 다가오더니 내 오른손을 두 손으로 붙잡으며 말했다.

"알려줘라, 너의 본 실력을."
"… 그건….”
"설마 싫다는 건가?"
"싫다곤 할 수 없지만…. 지금 이도재 씨에게 알려 드리면 재미없어집니다.”
"재미가 없다니? 뭐가 말이냐, 최육항."
"……."
"……."

아주 잠깐의 적막감이 흘렀다.

'… 최육항이 이런 말을 하는 거 보니, 뭔가 뛰어난 실력을 갖추고 있는 건 틀림없는 것 같은데…. 신비주의자의 생각은 도저히 알 수가 없군.'

이도재 씨는 이런 생각을 하면서도, 한편으로는 우선은 이대로 모르는 채로 덮어 두는 게 앞일이 더 재밌을 것 같다는 아리송한 결단을 했다. 지금 와서 생각해 보니 말인데…. 이런 이도재 씨도 알고 보면 재밌는 사람이다. 이도재 씨는 쥐고 있던 내 손을 놓으며 말했다.

"뭐, 알겠다. 너의 본 실력을 파헤치는 건 다음으로 미루지. 아, 그리고 이건 너의 스승에 관련된 재미있는 이야기다. 들어 보겠느냐, 최육항?"
"… 원석이 형에 대해서라면…. 도대체 어떤 이야기죠?"
"Zequ."
"!?"
내 반응에 이도재 씨는 약간 의외라는 듯이 말했다.

"… 뭘 그렇게 놀라나, 최육항. 설마 내가 말하려는 것도 네가 알고 있는 건 아니겠지?”

“우선 말씀해 주십시오.”

“30분 전쯤에 승재한테서 들었다. 최원석 군의 상대인 Zequ는 다른 녀석이 위장한 거라고 말이지. 그게 아무래도 그냥 놔두기엔 좀 그렇다 싶어서 이 대회를 주관하는 녀석들에게 말 좀 걸어 봤더니, 상당히 과민 반응하면서 놀라더군.”

“그래서 어떻게 됐나요?”

“웬일인지 녀석들도 결승에 올라온 녀석이 위장인 걸 알고 있다는 듯이 내게 말하더군. 비밀로 묻어달라며 간절히 부탁하길래 그 당시에는 알겠다곤 했지만…. 이런 특이한 정보를 나 혼자만 알 수는 없는 노릇이고 말이다.”

“… 그건 알고 있었습니다만, 뭔가 다른 정보는….”

“있지.”

“알려 주세요.”

“최육항, 너 정도의 머리라면 깨달을 수 있을 거다. 왜 이 대회는 대회 관계자가 아니면 출입을 엄격하게 금하고 있는 건지….”

도대체 그게 Zequ와 무슨 상관이지… 음!? 설마….

“아아, 그래. 최육항…. 뭐, 이 정도만 말해도 되는 건가.”

깨닫고 말았다. 내가 왜 지금에 와서야 눈치를 챈 것인지 모르겠군. 이승재 프로게이머도 이곳에 올 수 있을 만큼 이 대회장은 그 PC방과 먼 거리가 아니야. 그렇다면 진짜 Zequ는 틀림없이 이곳에 와 있을 거야. 아니, 너무 빠른가? 아직 들어오진 않았을지도 모르겠군. 하지만 이곳으로 올 것이라는 사실은 거의 틀림없다고 생각한다. Zequ가 노리는 건 자신을 위장한 Die일 가능성이 상당히 높다. 하지만 혹시 모르는 거야…. Zequ가 원석이 형에게 훼방을 놓을 수도 있는 걸 완전히 배제할 순 없으니까.

"우선…."

이도재 씨가 알려 준 대로…. 대회 관계자들은 삼엄하게 여러 곳을 돌아다니며 경계를 늦추지 않고 있었다. 정말로 누굴 잡아먹을 것같이 말이다. 우선은 정보가 틀림없다고 봐야겠군. 조금 궁금한 게 하나 있다. 대회에 참가한 것도 아니었던 이도재 씨는 어떻게 예선 당시에 대회장으로 들어갈 수 있었던 걸까? 의문 중 하나다.

사실 이도재 씨를 통해 이승재 프로게이머에게 부탁해서 진짜 Zequ를 관중석 내에서 찾아낼 수도 있었다. 그렇지만 나와 이승재 프로게이머는 친분이 없는 데다, 이런 것까지 귀찮게 부탁하고 싶진 않았다. 난 결승전 2경기를 구경하고 있던 일행들에게 가서 말했다.

"범진이 형, 핸드폰 좀 빌려주세요."
"그거야 뭐… 응? 집에다 두고 왔나 보네. 인제열, 네가 폰 좀 대신 빌려줘."
"으음? 김범진, 나 어제 야자 시간 때 문자질하다가 담임한테 뺏겼어."
"… 그럼 강성진, 핸드폰 좀."
"싫어."
"병관이 형, 잠깐 핸드폰 좀 빌려주세요."
"하핫… 뉴페이스가 원한다면야. 자, 여기."

병관이 형이 내게 건네준 것은 최신식 디카폰이었다. 난 놀라움을 금치 못했다. 사실 그 당시에 디카폰을 가진 사람은 부러움의 대상이었다. 지금이야 디카폰이 흔하지만 말이다. 어쨌든 무언가 영상을 찍고 싶었던 욕구를 뒤로하고 곧바로 전화를 걸었다. 그곳에 말이다.

"네, 박준영 네트워크의 박준영입니다."

예전에 강초원과 원석이 형이 첫 대결을 할 즈음에 건네받았던 IP 체인져….
그 CD 케이스 뒷면에 본사 전화번호가 적혀 있던 걸 난 무의식적으로 외워 뒀
었다. 내가 박준영에게 전화를 건 이유는 당연하게도 Zequ 때문이었다.

　"박준영, 난데…. 그런데 아까 일은 괜찮아?"
　"에, 그거야 이제 괜찮아졌습니다만…. 선배에게 이곳 전화번호는 알려드린
적이 없었는데 놀랍군요. 게다가 선배, 핸드폰도 있었습니까?"
　"아니, 이건 빌린 건데. 그나저나 혹시 이런 정보도 그곳에서 알아낼 수 있을
까?"
　"말씀만 하시길. 아하! 그리고 이 전화는 30초당 통화료 500원이라는 걸 유
의해 두십시오. 하긴 이미 30초는 지난 데다 선배의 핸드폰이 아니라니 다행
이군요."
　"그러네, 우선 Zequ에 대해서인데."
　"Zequ라면 그 프로토스 사냥꾼 말씀이십니까?"
　"그래, Zequ의 얼굴이라든지…. 하여튼 Zequ라는 걸 알 수 있는 사진 같은
걸 찾아볼 수 있겠어? 너의 네트워크라면 이런 정보도 있을 거라고 생각해."
　"선배, 저희 네트워크는 굉장합니다. 무엇이든 알아낼 수 있죠."
　"후후, 알려 줘."
　"우선… 안타깝게도 대회 때 정면으로 나온 얼굴 같은 건 없습니다. 초상권
침해인 데다…. 하지만 지금 막 검색을 해보니 제가 전에 선배한테 알려 드렸
던 인터넷 뉴스, Zequ와 이승재 프로게이머의 오프라인 경기 있었잖습니까?
그 현장에 사람들이 꽤 관전하러 왔었나 봅니다. 아무래도 이승재 프로게이머
가 좀 유명했던 탓이었겠죠. 그중 한 분이 핸드폰으로 찍은 사진이 하나 있는
데, Zequ가 경기하는 뒷모습이 찍혔더군요. 선배에게 메일로 보내 드리겠습니
다."

　"알았어."

온 걸 봤는데, 정말로 뒷모습만 좀 찍힌 것뿐이었다. 의상 같은 것도 어깨 부분만 좀 보일 뿐, 아무것도 알아낼 수 없었다. … 아니, 아무것도 알아낼 수 없었다는 말은 취소해야 할 것 같다. Zequ의 머리는 레게머리였으므로.

진짜 Zequ는 지금 벌어지고 있는 Die와 Shadow의 결승전 경기를 중단시킬 권리를 가지고 있다. 왜냐하면, Die는 Zequ의 주민등록번호를 도용해 참가했기 때문이다. 다만… Die가 이기고 있을 때 멈추게 하느냐, Shadow가 이기고 있을 때 멈추게 하느냐 하는 게 문제다. 지금까지 얻은 정보를 바탕으로 생각해 보자면, Zequ는 자기의 주민등록번호를 도용해 이 대회에 위장으로 참가한 Die가 못 미더울 테니, 바로 그 상대인 Shadow가 질 것 같을 때 결승전 게임을 중단시킬 가능성이 가장 크다. 물론 이런 걸 안 따지고 게임을 중단시키는 수도 존재한다.

그런데 마음에 걸리는 것이 한 가지 있다. Zequ가 정말로 이 대회를 모르고 있을 경우인데…. 내 생각에 그럴 가능성은 적다. Zequ가 이 대회를 모르고 있는 거라면, 이 대회가 예선 때부터 쭈욱 대회 참가자나 관계자 이외에 외부인의 난입을 막고 있었던 행동 자체가 말이 안 된다. 갑작스럽게 결승전에 구경꾼이 한꺼번에 몰려와서, 결국은 허용할 수밖에 없으므로 이렇게 감시가 철저한 거겠지.

Zequ의 머리는 레게 머리라는 단서가 있음에도 불구하고 난 그를 찾아낼 수 없었다. 이 대회장과 대기실에 있는 사람의 숫자는 200명이 넘는 것 같았고, 한여름이다 보니 모자를 쓰고 있는 사람도 적지 않았다. 레게 머리를 한 사람도 잘 못 찾겠고…. 사실 난 아까부터 Zequ를 찾아다니면서, 한편으로는 결승전을 중계하는 커다란 모니터를 주시하고 있었는데, 2경기 맵인 알포인트에서 원석이 형이 용케도 땡히드라 러쉬를 잘 막아내었다. 지금은 게임 자체를 주도하는 중이라 2경기는 문제없을 것 같다.

… 가 아닌가? 분명 주도권은 잡고 있다. 하지만 아까부터 추가 멀티 시도가 저글링들에 의해 저지당하고 있고, Die의 얄미운 견제 플레이가 프로브로 하여금 자원 채취를 계속하지 못하도록 방해를 하고 있었다. 어떻게든 원석이 형이 유연하게 막아내고는 있지만, 아무리 봐도 이렇게 당하고만 있으면 안될 것 같은데…. 그렇다고 해도 저그에게 공격을 가자니 성큰 밭에 러커가 깔렸고, 계속 지키고만 있자니 저그의 무한 확장을 막을 수 없고…. 어느 쪽을 선택해도 원석이 형은 불리한 게임을 할 수밖에 없다. 그리고 곧이어 울트라리스크들이 라바에서 튀어나오기 시작했다.

"와아, XX."
"이거 누가 이기고 있는 거지!?"

관중들의 함성과 함께 중앙 교전은 시작되었다. Die는 다수의 울트라리스크를 앞세워 포진한 채, 뒤에는 무수한 저글링, 소수의 러커, 히드라가 받쳐 주고 있었고, 원석이 형도 셔틀 리버 4기와 아칸 7기를 동원한 지상군 물량으로 맞섰다. 이 광경, 어떻게 표현할 수가 없다. 죽으면 또 오고 죽으면 또 왔다. 그저… 누구도 쉽게 밀릴 것 같지 않았지만, 결국 대세는 기울기 시작했다.

"밀리고 있어, Zequ가!"
"토스가 잡나 본데!"
"나이스, 역시 프로토스의 전설은 뭔가 달라!"
"Shadow 만세!"
"프로토스 만만세!"
"Shadow, 그대로 저그를 박살 내 버려!"
"Shadow, Shadow!"
"XX, 힘내라! Shadow!"

원석이 형은 그대로 타 스타팅 앞마당까지 진격, 리버를 통한 공격으로 성큰

라인을 가까스로 돌파, 그대로 밀어붙였다. 뒤쪽에서 막으러 오는 Die의 병력들에겐 스톰 샤워를 날려 주고 그대로 부딪혀 주니, 저그 병력들은 도망가기 바빴다. 놀라운 것은 이러면서도 타 스타팅에 넥서스를 건설, 멀티를 안전하게 확보한 것이다. 그리고 이건 원석이 형이 다 이겼다고 생각해서 뽑은 유닛이라고 생각되는데…. 어찌 됐든 프로토스 주력에 합류한 스카웃은 저그의 본진 앞마당 바깥쪽에서 댄스까지 추면서 상대를 농락하였다.

Zequ has left the game.

GG 없이 그냥 나가 버린 상황, 그렇게도 열이 받았던 걸까. 하여튼 원석이 형은 마지막에 스카웃을 통해 상대의 기를 죽였다. 다전제에선 이런 도발적 플레이도 꽤 효과적일 것 같군.

"수고하셨습니다. 원석이 형. 정말 수고 많았어요."

난 게임이 끝나자마자 얼른 대회장 안으로 난입하여 원석이 형에게 멘트와 함께 콜라를 건네줬다. 원석이 형은 머뭇거리다 콜라를 건네받았고, 콜라의 톡 쏘는 느낌을 여지없이 느끼고는 내게 말했다.

"최승태, 방금 경기… 넌 어떻게 생각하지?"

… 무슨 소리를 하는 거지, 원석이 형은? 말할 것도 없이 최고 아니었던가. 난 내 감상을 그대로 원석이 형에게 전했다. 그랬더니 원석이 형은 더욱 난처한 표정을 지으면서 내게 말했다.

"이건 내 생각인데, 마치 1경기 때랑 다른 녀석이 하는 것 같은 느낌 안 들었냐?"

　다른 녀석…? 하지만 지금 경기 석에 앉아있는 사람은 1경기 때의 그 사람이었다…. 그래, 원석이 형의 느낌대로라면 다른 사람이 했을 수도 있겠지. 우리가 썼던 박준영의 IP 체인져 같은 걸 활용한 것이라면, Die 대신 다른 녀석이 플레이했을 수도 있다.

　하지만… 이런 걸 알면서도 놔두는 대회 관계자는 둘째 치고, Shadow와 겨루고 싶어 안달이나 이런 소동을 벌인 Die가 왜 지금에 와서야 다른 녀석이 플레이하도록 했는지다. 그 다른 녀석은 아무래도 Zequ가 아닐까 싶긴 한데…. 결승전이 일어나기 전에 둘이서 만나 협상이라도 한 건가? 주민등록번호를 도용한 건 봐줄 테니 대신 자기도 Shadow와 직접 겨뤄 보고 싶다든지 말이다.

　이런 생각을 하고 있을 즈음 병관이 형이 내게 다가오더니 날 데리고 나가 인적이 드문 장소로 이동한 뒤, 디카폰을 꺼내 들며 말했다.

　"뉴페이스, 네가 통화한 상대가 문자를 보내온 모양이던데? 봐봐."

　통화한 상대라면 박준영인가…. 그나저나 더 이상 부탁한 건 없었을 텐데 무슨 일인 걸까. 난 우선 문자를 확인하였다.

　「지금으로부터 정확히 28분 전에 Die와 Zequ의 전화 내용을 도청했습니다. 보내 드리겠습니다.」

　… 부탁한 적도 없고 Die가 이 대회에 관련된 것에 대해선 전혀 알려 준 적도 없었는데…. 어떻게 안 것일까. 대체 어떻게!? 과연 박준영은 사기적인 스펙을 가지고 있었다. 박준영 네트워크의 위력은 도대체 실감이 나질 않는다. 그래도 줬으니 받아먹어야지. 도청 내용은 연정훈, Zequ가 Die에게 대회 2경기를 자신에게 양보해 주면 더 이상 죄를 묻지 않겠다는 내용이었다. Die와 Zequ가 협상한 사실은 모두 사실로 맞아떨어졌고, 이에 병관이 형이 말했다.

"내가 할 수 있는 일이 있다면 도와주마."

"역시 병관이 형, 언제 나서야 하는지 잘 아시네요."

"고럼 고럼! 우리 일행 중에서 IQ가 가장 높은 게 나걸랑."

"… 뭐, 좋아요. IQ가 가장 높으시니 어떤 걸 맡기려는지도 잘 아시겠죠. 부탁합니다, 병관이 형."

"OK. 맡겨달라고!"

다시 대회로 돌아가서 2경기가 마무리되었고, 프로토스 사냥꾼 Zequ도 프로게이머 잡는 아마추어인 원석이 형에게는 무릎을 꿇었다. 어떻게든 스코어는 1:1 동점이니 원석이 형도 기운은 날 듯싶다. 난 다시 원석이 형에게 돌아갔고, 1경기 때 들었던 의문점을 해소하기 위해 물어보기로 했다.

"원석이 형, 1경기 거의 끝나갈 무렵에 물음표 메시지를 입력했던 거… 역시 상대가 원석이 형한테 개인 메시지로 뭐라고 말했던 거죠?"

"… 엥?"

원석이 형은 표정 관리를 제대로 못 하였고, 잠깐 침묵이 흘렀다. 침묵 이후 말을 먼저 꺼낸 건 원석이 형이었다.

"… 그러고 보니, 녀석이 전체 메시지로 보내는 건 줄 알고 내가 물음표 메시지 한 번 쳤었던 것 같네. 너의 생각대로야…. 상대 녀석이 나한테 마구잡이로 욕까지 쓰면서 놀려 먹더라. 내가 지고 있을 때부터 말이지."

음, 괜히 물어본 건가…. 하여튼 원석이 형, 이 대회가 중단되는 난처한 상황은 없도록 제가 어떻게든 해 볼 테니, 게임 외적인 요소는 신경 쓰지 마시고 지금은 이 대회만 걱정하세요. 원석이 형이 지는 모습을 보고 싶지 않으니까.

나는 힘내시라는 말만 남기고 대회장을 빠져나와 관중석으로 돌아왔다. 그런데 난 돌아오는 도중 폭소했다. 웬 이상한 플래카드가 등장해 내 눈앞에 서

성거렸기 때문이다.

「Shadow 형님 납셨다. 저그는 GG나 쳐, 제발!」

그 글씨 배경에는 원석이 형이 미소를 짓는 장면이 들어가 있었고, 이걸 강성진이 들고 있다고 하면 웃길만한 건가. 그나저나 강성진 녀석, 언제 저런 걸만든 거지?

"재밌겠는데? 나도 해야지."

제열이 형은 강성진의 플래카드를 보더니 그렇게 말하였고,

"질 수 없음."

제열이 형과 라이벌 의식을 지니고 있던 범진이 형도 그렇게 말하며 작업에 착수했다. 난 경기에만 집중했었기 때문에 형들이 만든 플래카드가 어떤 내용이었는지는 기억이 안 난다…. 어쨌든 간에 마지막 3경기가 곧 있으면 시작되려 한다. 맵은 네오 레퀴엠이었다.

–

"미안하지만 지나가겐 놔둘 수 없지."

학생임에도 불구하고 독특하게 레게머리를 한, 연정훈이 대회장 안으로 들어서려 할 때 바깥에서 계속 대기를 타고 있었던 안병관이 가로막았다.

"누구길래 처음부터 반말입니까?"
"안 그래도 네놈의 행동이 원석 형에게는 폐가 될 텐데, 얼른 막아서야지. 반말이고 존댓말이고 뭔 상관이냐? 하핫."

연정훈은 잠깐 흠칫했다. 그러곤 뒤로 약간 물러서더니 그에게 물었다. 도대체 무슨 소리를 하는 거냐고⋯ 병관이 형은 생각했다.

"역시 이 근처 PC방에 들러서 2경기를 치른 뒤, 게임이 끝나자마자 온 거군. 원석이 형의 복수를 막게 놔둘 순 없지."
"무슨 뜻입니까? 복수라뇨?"
"난 네가 Zequ인 것도, Die가 이 대회에 관련된 것도 다 알고 있어. 어차피 자기 아이디로 참가하고 있던 거니까, Shadow를 자기 손으로 꺾어 보고 싶다는 그 멍청한 생각에 주민등록번호 도용 신고도 안 하고 말이지. 게다가 2경기 때 Die 대신 플레이하다 굴욕을 당한 사실도 알고 있고. 그리고 이번엔 자기를 이긴 Shadow가 짜증 나서 이러는 걸까나? 보나 마나 3경기 때 Shadow가 유리할 경우에, 너는 자기를 흉내 낸 Die를 트집 삼아 이 대회를 망쳐 버리려는 속셈이겠지."

연정훈은 말을 잇지 못할 정도로 머리가 혼란스러웠고, 안병관은 그의 양어깨를 두 손으로 잡으며 말했다.

"간단해, 더 이상 이 대회에 관여하지 않는 거다. 어떤 이유가 있어도 대회를 망치는 짓은 해선 안 되는 짓이지. 그 두 사람의 결의와 의지를 위해서라도."

"… 좋습니다. 하여튼 이 손은 치우십시오. 그나저나, 당신의 배틀넷 아이디는 무엇입니까?"

"Xeno다. 원석 형과 같은 길드지."

"종족은 무엇입니까?"

"테란."

"Xeno…. 몇 번 들어 본 적이 있군요. 언젠가 저와 승부를 겨루죠. 하지만 이 승부는 사적인 원한에 의한 승부가 아닙니다. 아직 저도 이승재 프로게이머나, Shadow에게 이길 정도의 수준은 아니었다는 걸… 그리고 프로토스는 저그에게 약한 게 아니었다는 것도 이번 기회에 배웠습니다. 프로토스의 사냥꾼이라는 별명도 이제 우스워진 것 같군요. 우선은 초심으로 돌아가지 않으면 안 되겠습니다. 하하…."

–

3경기 맵은 레오 레퀴엠, Die의 2해처리 땡히드라…. 먼저 사정거리 업그레이드를 하더니 3시 원석이 형의 앞마당을 공격하였다. 캐논 앞에 바리케이드 식으로 배치되어 있었던 게이트와 포지는 전부 히드라에 의해 부서졌고, 바리케이드가 치워지자마자 발업까지 된 히드라와 저글링이 일제히 들어가 공격했으나 이 무슨 운명의 장난인지… 적절한 캐논 건설과 질럿들이 맹활약한 덕분에 이게 결국 막혀 버리고 말았다. 원석이 형은 좋은 출발을 하고 있었다.

원석이 형은 우선 서두르진 않았다. 커세어는 계속 모아 두면서 4시 쪽 가스 멀티를 가져갔다. 4시 쪽 가스 멀티는 네오 레퀴엠에선 섬 멀티나 다름없으나 앞마당 미네랄에서 프로브 넘기기를 하면, 비록 셔틀이 없더라도 빠르게 섬이라 할 수 있는 멀티들을 가져갈 수 있었다. 원석이 형은 가스 멀티 확보 이후 리버 커세어 견제로 6시의 저그가 압박감을 느끼도록 하였다.

하지만 Die도 만만치는 않다. 상대가 커세어 리버 체제인 걸 노려 버로우를 개발하여 히드라를 곳곳에 매복시켜 원석이 형을 교란했으며, 어떻게든 멀티만 가져가면 할 만하다는 생각에 8시 스타팅 멀티를 가져갔다. 7시 가스 섬 멀티는 시도하다 리버에 의해 저지되었다. 게임이 중반으로 접어드는 가운데, 병관이 형이 경기를 구경하던 내게 다가왔다. 나는 병관이 형에게 물었다.

"병관이 형, 부탁했던 건?"
"원석이 형을 방해하는 놈을 내가 가만 놔둘 리 있겠어!? 이미 끝내고 왔다."
"역시 병관이 형답네요. 믿음직스러워요."
"하하핫, 뉴페이스. 너도 사람 보는 눈은 있군, 그래?"
"뭐, 그렇죠."

좋아, 이제 모든 걱정거리는 사라졌다. 이제 남은 건 원석이 형이 잘되는 걸 지켜보는 것뿐이다. 나와 병관이 형, 강성진, 범진이 형, 제열이 형은 모두 그것을 바라고 있다.

"이대로라면 원석이 형이 유리하군, 이길지도."

강성진의 말은 어긋나지 않았다. 말이 떨어지기 무섭게 커세어 리버가 저그 진영의 빈틈을 노려대며 순회공연을 돌았고, 히드라와 스커지들은 그것을 따라다니기에 바빴다. 버로우되어 곳곳에 숨어있던 히드라들을 상대로도 원석이 형은 마치 맵핵을 쓴 듯 요리조리 피해 다녔는데, 참으로 가관이었다. 6시 본진의 스포어콜로니와 성큰콜로니도 무용지물이 되도록 웹을 적극적으로 사용한 뒤 미네랄 뒤에 리버 4기를 내렸는데, Die는 이를 쉽게 저지하지 못했다.

가까스로 쫓아냈을 땐 히드라 대부분이 전사 또는 체력이 심각하게 깎여 있었고, 원석이 형은 2시 가스 섬 멀티와 1시 미네랄 멀티마저 천천히 확보해 나가면서, 커세어를 딴 데로 돌려 Die의 본진 구석에 모여 있었던 오버로드들을 학살하기 시작했다. 스포어콜로니가 지키고 있었으나 커세어들에겐 웹 하나면 충분한 수비 건물일 뿐이었다. 이때 커세어가 공 2업이었으니 오버로드가 순식간에 전멸할 만도 하였다. 게다가 원석이 형은 또 다른 카드를 준비하고 있었다.

"어이, 김범진. 저거 봐봐."
"음, 특이하네. 오늘따라 최원석의 플레이가…."

제열이 형이 가리킨 건 원석이 형의 본진이었다. 하지만 보이는 건 하이템플러 뿐… 음? 다크템플러들도 나오더니 다크아칸으로 합체하기 시작했다. 그리고… 캐리어도 스타게이트에서 생산되기 시작했다. 제열이 형이 이런 플레이에 대해 자세히 설명해 주었다.

"요즘 들어 원석이가 심심할 때마다 구사하는 빌드로 알고 있어. 스스로 말하기에 '수비형 토스'라고 그러던데, 커세어 리버의 진화형인 것 같아. 하여튼 내가 봐도 다루기엔 상당히 어려워 보이네."

그나저나… Die는 아까부터 좋은 플레이를 보여주고 있지 못했다. 뭔가 끌려 다니고 있는 듯한 모습이라고 해야 할지…. 1경기 때의 강력함이 도저히 나타나지 않았다. 오히려 주도해 나가는 건 원석이 형이었다. Die가 뒤늦게 캐리어를 확인하고 디바우러와 뮤탈리스크를 확보, 디파일러도 준비하였으나, 자주 구성해 보던 조합이 아니라 그런지 다크스웜이나 플레이그도 제대로 나오지 않았다. 그저… 저그는 농락당할 뿐이었다.

저그의 멀티는 7시 가스 섬 멀티와 6시 앞마당뿐, 그 외 대부분은 원석이 형이 확보했다. 왠지 모르게 원석이 형은 끝낼 수 있는데도 시간을 끄는 듯 보였다. 그리고 그 시간을 끌도록 했던 거물들이 모습을 드러냈다. 바로 아칸이었다. 저그는 그동안 캐리어와 셔틀, 리버, 커세어, 그리고 하이템플러와 다크아칸 조합에 대응하느라 히드라, 뮤탈리스크, 디바우러, 디파일러 위주로 병력을 생산하고 있었다. 그동안 활약해 왔던 수비형 토스의 주력 병력들이 아칸을 호위하니 저그 병력은 그저 녹을 뿐이었다. Die는 손을 놓고선 생각에 잠겼다.

'Zequ… 도대체 어떻게 도와줄 생각인 거지? 이 자식, 내가 기껏 만들어 낸 결전의 장을, 나 대신 한 경기를 Shadow에게 내주면서 망쳐 주리라곤! 역시 믿을 만한 녀석이 아니었다. 마지막까지 구경꾼들을 저지했어야 했는데…!'
"게임은 끝났습니다. 슬슬 일어나 주시죠."

Die의 뒤에는 이미 연정훈이 서 있었다. Die는 자리에서 뒤돌아섰다. 반대편에 있었던 원석이 형은 이 소릴 듣더니 의아한 표정을 지으며 자리에서 일어났고, Die는 연정훈을 향해 잠깐 미친 듯이 웃더니 다시 자리에 앉았다. 그리고는 메시지를 입력했다.

Zequ : 오늘은 내 패배다, 여러 가지 의미로

원석이 형은 아직 헤드셋을 쓴 상태였기 때문에 메시지 소리를 듣고선 다시 모니터를 주목했다. Die의 손가락은 다시 움직였다.

Zequ : 다음에 보자
Shadow : 비겁한 자식…
Zequ : 이게 다 Zequ 때문이다. 처음부터 대비를 하고 있었지만…
Shadow : ……
Zequ : 잘 있어라

Die는 그대로 연정훈에 의해 어디론가 끌려가 버리고, 원석이 형은 얼떨결에 GG도 안 받고 아마추어 대회 우승을 차지하게 되었다. 3경기는 압도적으로 승리해서 그런지 아까부터 기고만장해진 원석이 형은 본격적으로 자신의 실력을 우리에게 자랑하기 시작하는데…. 그동안 쌓인 게 풀려서 그런 것이라 여기며 우리는 이해해 주었다. 짤막한 시상식이 끝난 뒤 우리는 자연스럽게 농구장으로 향했다. 이를 지켜보던 이도재 씨와 이승재 프로게이머는 얘기를 주고받았다.

"승재, 이왕 이렇게 왔는데 최원석 군에게 축하라도 해 주지 그래?"
"뭐, 저 일행이 해 주는 축하인데 제가 굳이 나설 필요는 없겠죠. 게다가 오늘 여기 왔다가 사인만 죽도록 해댄 것 같아 피곤하니, 이제 우리도 돌아갑시다."
"하긴 그렇군, 하하하하하하하!"

"박준영, 너 설마…."
"네, 다 제 탓입니다."

 난 놀랐다기보다 어이없었다. 농구장 공중화장실 안에서 병관이 형의 디카폰을 통해 박준영에게 그동안 도움을 준 것에 대해 고마움을 표하고 있었는데, 사실 이 사건의 근원은 박준영 자기 자신에게 있다고 스스로 밝히지 않는가. 난 그 이유를 물었다.

 "사실 1개월인가 2개월 전쯤에 저는 최천영이란 고객님에게 상담해 드린 적이 있었습니다."

—

 "안녕하세요, 박준영 네트워크의 박준영입니다."
 "안녕하세요, 최천영입니다. 나이는 19살이구요."
 "주민등록번호 확인 좀 하겠습니다."
 "예."
 "흠, 일치하는군요. 그나저나 19살에 이름은 최천영이라니, 혹시 제가 익히 들어 알고 있는 그분이십니까?"
 "그분이라뇨?"
 "다른 분인지는 모르겠습니다만, 혹시 최근에 스타 판에서 맵핵을 썼다고 자자한…."
 "… 그래도 나이와 이름만으로 절 아시다니 놀랍네요."

"하하, 원래 찍기는 제가 좀 합니다."

"박준영 님이 가장 명쾌한 답변을 해 주는 거로 유명하셔서 통화료가 30초당 500원인 것에 연연하지 않고 전화했는데요."

"그렇군요."

"그럼, 제 상황을 아실 테니⋯. 사실 방금 Shadow와 만나고 오는 길입니다. 거기서 담판을 지을 생각이었는데, 가서 만나보니까 결국은 나오는 게 욕밖에 없더라구요. 다시 한 판 하자고 배틀넷에서 귓말해도 무시해 버리니 뭐 어찌 할 수가 없네요."

"음, 그럼 복수하시길 바랍니다."

"네?"

"제가 말하는 대로 하십시오, 스릴 넘치고 재밌을 겁니다."

—

"⋯⋯ 그래서?"

나는 목소리를 내며 이 어이없는 상황에 대해 상당히 당황스러워했다. 이에 비해 박준영은 신이라도 난 듯 말했다.

"제가 선배에게 Zequ와 이승재 프로게이머의 오프라인 대결에 관한 사건을 알려 드린 적 있지 않았습니까. 최원석 고객님은 최천영 고객님과의 대전을 계속 회피해 온 데다 마침 그 사건도 있고 하니, 프로토스의 사냥꾼이라고 불리는 Zequ로 위장시킨 뒤, 대회에서 접근하면 어떨까 하고 조언해 드렸습니다. 하지만 그냥 참가만 하면 재미없으실까 봐 최천영 고객님에게 긴장감을 느껴 드리게 하기 위해, 배틀넷과 오프라인을 왔다 갔다 하며 최원석 고객님의 주변 인물들을 상대해 주며 당사자에게 불안감을 주라고 지시하였습니다. 그리고⋯."

"그럼 Zequ의 주민등록번호는?"

"제가 드렸습니다."

"그럼 오늘 원석이 형과 Die와의 결승전 때 내게 도청 정보를 건네준 건? 아니, 이것도 이거지만 Zequ의 전화기 도청은 어떤 이유로 한 거지?"

"오늘 연정훈 고객님이 제게서 IP 체인져를 사시더군요. 게임을 대신해 주는 그거 말입니다. 오늘은 아시다시피 최원석 님과 최천영 님이 결승을 치르는 날 아닙니까. 그래서 전 뭔가 있을 것 같다고 눈치채고 연정훈 님의 핸드폰에 도청기를 달았던 겁니다. 그리고 그 당시 선배가 개인전 대회 장소에 있으셨으니, 왠지 들어 보시면 재밌어하실 것 같아 그랬습니다. 저 혼자 즐기긴 좀 그러니까…!"

난 곧바로 전화를 끊었다(수수료를 고려한 행동은 아니었다). 병관이 형도 옆에서 조용히 듣고 있었기에 나와 동시에 이 사건의 전모를 알 수 있었다. 병관이 형이 옆에 있던 나에게 말했다.

"그나저나 오늘 내가 Zequ 보고 대회장에 들어오지 말라고 그렇게까지 말해 뒀거늘, 갑자기 막무가내로 들어와서 솔직히 놀라 버렸다. 하하핫."

… 그렇다. 원석이 형과 Die의 3경기 중 갑자기 난입한 Zequ는 그대로 경기석까지 가더니 Die에게 '게임은 끝났습니다'라는 드라마에서나 나올 법한 말을 하지 않던가. 솔직히 나도 참 예상외였다. 나는 사건의 전개에 대해 말했다.

"그래도 이미 게임이 완벽하게 기운 뒤였고, 무엇보다 경기를 무효로 만든 게 아니었으니까요. Zequ가 원석이 형의 복수를 방해했다고 보긴 어렵죠. 오히려 도와줬다면 모를까."

"그나저나, 뉴페이스. 나도 궁금한 게 하나 생겼는데…. 그 Zequ에 관한 일을 나한테 떠넘긴 거, 사실 네가 직접 처리했을 수도 있었던 거잖아?"

"상대를 몰아붙이며 협박을 하는 게 중요 포인트였는데, 병관이 형이 가장 적임일 듯싶어서…."

"호오?"

병관이 형이 악랄한 미소를 지어대며 내 목을 조르고 있을 즈음에 제열이 형이 공중화장실 안으로 들어오더니 말했다.

"이놈들아, 왜 이리 늦어, 얼른 나오라구. 너희들 나랑 같은 팀이잖아? 쟤네 연습 실컷 하고 있다고."

다 같이 공중화장실 바깥으로 나왔을 때, 이미 농구 풀코트에서 연습해 둔 상대 팀이 정중앙에서 대기 중이었다. 왼쪽부터 키가 제일 작은 강성진, 오늘 따라 미소년으로 보이는 원석이 형, 키가 제일 큰 범진이 형… 저 3명이 상대다. 나는 농구를 거의 해 본 적도 없기에 당연히 슛도 제대로 쏠 줄 모른다. 하지만 그래도 괜찮을 것 같은 게, 상대 팀에 강성진이 껴 있다는 것이다. 저 녀석도 나처럼 못할 테니 이 정도 핸디캡은 충분히 상쇄된다고 생각한다.

제열이 형과 병관이 형의 농구 경험이 어느 정도 될 테고, 난 그러한 까닭에 안심하기로 했다. 자, 드디어 풀코트 경기가 시작되었다. 병관이 형이 볼을 잡자마자 바로 내게 패스, 난 심각한 드리블을 구사하며 앞으로 달려갔다. 앞에는 강성진이 있었다. 훗!

"꼬마, 패스해!"

제열이 형이 나보고 패스하라고 소리를 치긴 하지만, 솔직히 눈앞에 보이는 이 꼬마를 상대로 내가… 응?

"… 애송이."

강성진은 이미 내 볼을 뺏고 지나간 지 오래였다. 알고 보니 강성진은 상대

팀에서 에이스였다. 오히려 키가 작은 게 좋게 작용하여 유연하게 왔다 갔다 하다 개인기까지 선사하더니 2점 슛을 날려 골을 넣었다.

"……."

우리 편 골대 쪽에서 다시 게임 진행, 제열이 형이 어느 정도 가다가 병관이 형에게 넘기고, 병관이 형은 중앙선을 넘은 뒤 3점 슛 라인 근처에서 다시 내게 넘겼다.

"꼬마, 패스!"

이번엔 별생각 않고 제열이 형에게 패스했다. 제열이 형은 패스를 받자마자 바로 농구 골대까지 전광석화로 드리블하며 달려갔다. 원석이 형과 범진이 형의 방어를 뚫고 작렬한 레이업 슛…! 성공적이었다. 우리 팀은 제열이 형이 에이스인 건가! 상대 팀 골대 쪽에서 공을 가지고 나온 원석이 형이 강성진과 번갈아 패스해 가며 천천히 전진해 오기 시작했다. 그리고 다시 원석이 형에게 공이 오려고 할 때, 난 젖 먹던 힘을 다해 달려가 손을 뻗었다!

"으, 으응?"
"뭐해요! 원석이 형!"

내… 내가 뺏었다! 강성진의 탄식에도 불구하고 난 드리블하며 상대방 골대까지 그대로 달려갔다. 상대편 코트에선 범진이 형이 기다렸다는 듯이 내 앞으로 나오기 시작했다. 난 또다시 제열이 형에게 패스했다. 제열이 형은 에이스이니까. 그리고 난 외쳤다.

"제열이 형! 이번엔 레이업 슛 말고 딴 슛으로!"
"안 돼, 그건!"

"……?"

난 제열이 형의 그 대답에 의아했다. 그리고 나오는 레이업 숏…. 그렇구나, 제열이 형은 단지 레이업 숏밖에 못 할 뿐이었다. 그저 그런 것이었다. 그리고 그 레이업 숏이 실패로 끝나 버렸고, 범진이 형이 자신의 키를 적극 활용하여 점프하더니 그대로 공을 받았다.

"속공이다!"

범진이 형의 외침과 동시에 공이 내 키를 훌쩍 뛰어넘어 원석이 형에게 날아갔다. 점프해서 캐치한 원석이 형은 앞에 있는 병관이 형과 치열한 볼 다툼을 벌이더니 빈 공간으로 들어온 강성진에게 곧바로 패스, 강성진은 실수 없이 2점 숏을 또다시 성공했다. 내가 달리기가 강성진보다 느리다 보니 강성진을 마크하지 못하는 게 상당히 커 보인 순간이었다.

"꼬마, 넌 패스만 해."

… 제열이 형은 병관이 형에게 볼을 자주 넘겨주며 3점 숏만을 노리자는 작전을 지시하였다. 3점 숏은 병관이 형의 특기였다. 강성진의 방해도 뿌리치고 병관이 형은 힘차게 3점 숏을 날렸고, 그럴 때마다 골대는 펄럭였다. 제열이 형과 나는 계속해서 병관이 형에게 패스했고, 병관이 형은 3점 숏을 100% 확률로 성공했다.

"으라랏차!"

상대방 팀도 작전이 변경되었다. 키가 제일 큰 범진이 형에게 공을 몰아주는 것이다. 범진이 형은 아주 가볍게 덩크숏을 시도, 막으려고 해도 막는 게 뜻대로 되지 않았다. 하지만 3점 숏은 3점을 확보하는 것이고, 덩크숏은 2점 확보이기에 점수 격차가 계속 벌어졌다. 결국, 스코어는 32-24, 우리가 승리했다.

—

　대회도 끝났고, 저녁이 되었다. 단독주택인 우리 집 문 앞에 도달한 나는 초인종을 눌렀다. 그런데 15초 정도가 지나도 아무런 반응이 없었다. 나는 주머니를 뒤적이며 열쇠를 꺼내든 뒤 곧바로 문을 따고 들어갔다.

　"음?"

　부엌에선 엄마가, 거실 소파에선 아빠가 피를 흘린 채 쓰러져 있었다. 처음엔 무슨 장난인가 싶어서 다가갔는데, 얼마 안 있어 난 뒷걸음질을 칠 수밖에 없었다. 내 바로 아래에 피가 흥건히 묻어 있는 식칼이 있었기에…. 그래, 내 가족은 집안으로 침입한 누군가에게 살해당했다. 난 얼른 거실에 놓인 전화기로 번호를 입력하기 시작했다.

스타크 파이터즈 *Part 2*

지은이 최승태

1판 1쇄 발행 2020년 8월 20일

저작권자 최승태

발행처 하움출판사
발행인 문현광
편 집 이정노
주 소 전라북도 군산시 축동안3길 20, 2층 하움출판사
ISBN 979-11-6440-167-3

홈페이지 www.haum.kr
이메일 haum1000@naver.com

좋은 책을 만들겠습니다.
하움출판사는 독자 여러분의 의견에 항상 귀 기울이고 있습니다.

이 도서의 국립중앙도서관 출판예정도서목록(CIP)은 서지정보유통지원시스템 홈페이지(http://seoji.nl.go.kr)와
국가자료종합목록 구축시스템(http://kolis-net.nl.go.kr)에서 이용하실 수 있습니다. (CIP제어번호 : CIP2020027847)